2020年　生き残りの戦略

世界はこう動く！

外交政策センター［編］
川上高司・石澤靖治［編著］

創成社

巻頭言

２０２０年を予知する

川上高司

２０２０年の国際社会は、ＳＮＳ（ソーシャルネットワーキングサービス）、ＡＩ（人工知能）、ビッグデータ（ＧＡＦＡ）、ＩｏＴ（モノのインターネット）などの新技術、量子科学や脳神経学、空間も陸海空から宇宙やサイバーなどの新しいドメイン（領域）へと広がりつつある。これらによって我々の生活を含め、戦争体系に急激な大変革がもたらされつつある。さらにこれらの技術革新は官民の両方の領域でめまぐるしい変容を瞬時にして遂げているために、そのスピードや実態に追いついていけない状況が出現している。

ＮＰＯ法人 外交政策センター（ＦＰＣ）では『２０２０年 生き残りの戦略―世界はこう動く！―』で、２０２０年に起こる時空を超えた現象を第一線で活躍する専門家が大胆に予測し、国内社会の大転換を予知し我々がどう生き延びるかの術を提示する。

1　破壊者トランプの行方―トランプが破壊する世界

２０２０年もトランプ大統領が世界のゲーム・チェンジャーであり続けるであろう。大統領選挙の年となり再選を是が非でもトランプは勝ち取らねばならない。もし当選しなければロシアン・ゲート、ウクライナ・ゲート等数々のスキャンダルが明るみにでて罪に問われかねない。弾劾裁判の公聴会が開催され悪事が次々に暴露される。外交では自らを擁護しながら敵をたたく棍棒外交には変わりない。それだけに必死だ。

大統領選挙を戦うにあたりトランプの周りには選挙参謀がいない。そこでスティーブ・バノン元首席戦略官が選挙参謀として復活し、岩盤支持層を固めれば鬼に金棒だ。右派ポピュリズムへの訴求力を持つバノンの思想と選挙戦略に頼る必要がある。オルト・ライトは既得権益との戦いと中国封じ込めという2つのアジェンダを掲げて、再び旋風を巻き起こせるだろうか。目覚ましい台頭を果たした右派ポピュリズムの将来を占う選挙になりそうだ。（第1章、杉田）

大統領選挙に勝利をするためには、トランプ大統領はアメリカの景気をよくしておかねばならない。現在、米経済は１８５４年に統計を取り始めて以来、史上最長の経済回復を謳歌している。その景気拡大は２００９年６月に始まり12月で１２６カ月を迎える。好景気はトランプ大統領の再選には一番の追い風となる。

米中貿易戦争での双方の「殴り合い」は、米中の相互依存関係が相当に深化した状況で行われている。その結果、双方ともに「へたり」始め、米国経済はすでに後退局面に入った兆候がある。一部投資家はアメリカの景気拡大が近く終焉するとの予測を出し、米中貿易政策をめぐる不確実性が景気に与える影響が次第に大きくなってきていると警告している。その状況を捉えて、民主党のバイデン候補は大統領選挙の論点とし、激戦州のアイオワ州で「米国農家を崩壊させている」とトランプの対中政策を批判している。それだけにトランプとしては大統領選挙の11月までその景気を持たせねばならない。そのため、トランプは対中貿易戦争の手綱を緩めてくるだろう。

その一方でそれを有利にディールするためにトランプ政権は香港、台湾、ウィグルといった人権外交の圧力を利用する。特に、2019年6月に始まった香港のデモは、日ごとエスカレートし2020年も継続する。ペンス副大統領は2019年10月にデモ支持の演説を行っている。今後は香港の独立か、中国による吸収合併（「一国二制度」の廃止）かというところまで行く可能性がある。また香港のデモは、2020年1月11日に総統選挙を控えた台湾に飛び火しつつある。再選した蔡英文総統が独立志向を強めていけば、アメリカ大統領選挙も巻き込み、香港と台湾を巡る米中2大国の対立が激化していくだろう。（第2章、近藤）

一方、2020年、中国はアメリカ大統領選挙の行方を見極めながら、トランプ政権とはぎりぎりまで和解をするだろう。しかしながら、米国の要求する中国の構造改革やファーウェイの排除は絶対認められない。また、香港と台湾もしかりだ。米国とは軍事衝突は避けながら、また、日本とは和解をしながら時間稼ぎをするだろう。マイケル・ピルズベリーが“The Hundred-Year Marathon”で予見したように、2049年には逃げ切り中国は覇権を狙う可能性が高まってきている。中国の習近平国家主席は、建国70周年記念で中国の現実に適合させた社会主義を誇りそれが中国の奇跡の発展を遂げたと誇った。中国がグローバルな

覇権を取るという「不都合な現実」が顕れつつある。（第3章、富坂）

特に、2020年7月に人気上昇中の極左のエリザベス・ウォーレンが民主党候補となり、大統領に選出された場合、米中貿易紛争は解決されるであろうから中国にとっては待ち望んだ結果となろう。アメリカは内向きとなる一方、中国の覇権も夢ではなくなる。

2　張り子の虎（ペーパータイガー）となったアメリカ！

2020年、米国の世界各国からの関与の低下はますます顕著となり「ペーパータイガー」（張り子の虎）となる。その兆候は、2019年10月にトランプがボルトン補佐官をクビにしたところから始まった。第一は、その数日後に起こったサウジアラビアの石油施設攻撃である。米国はイランが行ったと断定し報復攻撃の絶好のチャンスだったが、逆にトランプは国連総会でイランとの話し合いを模索した。第二は、トルコはシリア北部のクルド人勢力を攻撃しトランプはこれを放置した。ISの掃討に尽力したクルドを見捨てたのである。その結果、クルドはロシアに庇護を求めシリア全土にロシアの勢力が広がった。こういった、目まぐるしいスピードで起こるアメリカの関与の低下。その結果として起こる「力の空白」を巡る各国の熾烈なせめぎ合いが続いており、2020年もそれがしばらく進むとみられている。中東の主導権はその一部がロシアへと渡り、域内諸国も生き残りをかけて、脱アメリカ依存を進めている。（第4章、野村）

米中の貿易戦争で米中の共倒れ状況をほくそ笑みながら見ているのがロシアのプーチン大統領である。プーチンはアメリカやその同盟国から閉め出される中国のファーウェイ製品をロシア国内で迎えいれ、そのうえで中国とは軍事協力の進展をはかる。さらにインドと接近。インドはロシア兵器の最大の顧客で保有兵器の6～7割はロシア製だ。インドがトランプ政権と関税戦争を行っているのをみてインドと兵器部品の共同生産を行う。インドは米国からイランの石油を輸入しないよう迫られているが、ロシアがその代替として天然ガスを輸出する。イランやアサド政権打倒を訴えるボルトンはもういない。プーチン大統領はペーパータイガー（張り子の虎）になりはてたアメリカの足下をみて、ロシアの「地政学」の完成を着々と行動に移している。一方、ロシア国内では経済が停滞しプーチン政権への不満が高まっている。対外的にはウクライナ危機後の欧米との関係悪化が尾を引き、落とし所をいかに見出すかが2020年の焦点となろう。（第5章、小泉）

欧州もトランプ外交に振り回されている。仏・独・スペインの「ニュー・ビッグスリー」を中心に、多極化世界における極の1つになろうとしている。しかし、欧州の多様性は、その試みを困難なものにしている。また、欧州ではポピュリズムの嵐が吹き荒れ、ブレグジット、ウクライナ、コソボ、難民流入など内憂外患である。そこで、欧州政治の行方、諸問題の今後、そして、米中対立時代に中国とどう付き合っていくのであろうか。（第6章、細田）

欧州の中で最も迷走を続けるイギリスは、欧州連合（EU）からの離脱をまだ決めかねている。その渦中で転換点となったのがデビッド・キャメロンとボリス・ジョンソンの2人の首相である。その根底にはイギリスが抱える歴史的問題があり、そこに解決が見えてくる。洗練されたキャメロンと粗野なジョンソンとは一見対照的だが、若き日からライバルのエリート同士で秘密クラブの仲間だ。その狭間で苦悩したのがテリーザ・メイ首相である。かつて世界を制覇したイギリスは名誉ある独立を選択している。2020年になってもイギリスはまだ迷走するのであろうか。（第7章、蟹瀬）

さらに、北アフリカ情勢をみていると、日々不透明さが増している。政治面での安定を保っているのはエジプトとチュニジアだが、エジプトでは抗議デモが発生し、シーシー政権の安定性にほころびが見え始めた。2019年に入って長期政権が崩壊したアルジェリアとスーダンでは、軍を中心とした権力構造の維持に民衆が反発しており、早期の安定は見込めない。内戦状態にあるリビアでは首都トリポリ周辺での衝突が激化しており、国家再建が進展する気配はない。2020年も、北アフリカでは流動的な政治・治安情勢が継続するだろう。（第8章、小林）

3　ノーベル平和賞を狙うトランプ―「中東和平」か「朝鮮半島統一」か

トランプ大統領はオバマ前大統領が2009年にノーベル平和賞を受賞したことにたびたび言及している。トランプがノーベル平和賞を受賞したがっていることは周知の事実だ。そのためにはパレスチナ合意か朝鮮半島問題の解決をせねばならない。トランプはパレスチナ問題の「和平プラン」を発表し、その望みをクシュナーに託す。しかし、その和平プランはイスラエルに有利なものとなり、そうなれば、パレスチナは猛反発し、湾岸諸国のイスラム教徒も黙っていない。再び、国際テロ組織アルカイダのような、反米、反イスラエルの過激派組織が生まれ、中東情勢が不安定になる可能性は否定できない。それを予測してか、米国はイスラエルとの軍事同盟を結ぶと発表した。（第9章、米山）

もう1つの朝鮮半島問題の解決だが、2018年に共和党議員らが史上初の米朝首脳会談を前に朝鮮半島の非核化や地域の平和に尽力しているとして、トランプ氏をノーベル平和賞候補に推薦している。ボルトン補佐官が去ったあと、ポンペイオは後任にボルトン氏とは対照的に「穏健な調整型」とされるロバート・オブライアンを指名した。ポンペイオは2020年米上院選でカンザス州から出馬をする。そのためには出馬前には北朝鮮で得点をあげたい。

それを見越して、北朝鮮はミサイル実験を立て続けに行い、性能を上げ、米国に対する最小限抑止の能力を上げている。しかも10月2日にSLBM（潜水艦発射弾道ミサイル）の発射実験を行ってもトランプ政権は放置している。それどころか、その3日後に北朝鮮と実務者協議を行っている。2020年、金正恩は核実験を行う可能性もある。（第10章、武貞）

それに連動しているのが韓国である。トランプが再選されれば北朝鮮の核保有を認め米朝国交正常化に向かう可能性がある。そうなれば日朝関係も正常化へと動くと考えられる。しかし、その際には韓国は日韓基本条約を問題とし、日本に再び難題を振りかけてくる可能性がある。日韓基本条約は、朝鮮半島は休戦中という前提で結ばれている。日本と北朝鮮の関係が正常化すれば、韓国は朝鮮半島における唯一の合法政府という基本条約の前提が崩れる。その改定の過程で、韓国は日本に対して元徴用工の請求権、慰安婦問題、竹島などの問題で大幅な譲歩をさらに迫ることが考えられる。（第11章、松川）

4 新しい戦争のかたち

２０２０年は米国が影響力を減じる中で、中国とロシアは安全保障領域や新たなドメインで同盟を復活させ熾烈な争いを米国や同盟国に対して繰り広げるであろう。その手段は、民主主義国の社会や制度を分断・弱体化させるシャープパワーが顕著になろう。中国とロシアは言論活動とネットの世界でアメリカの覇権を封じ込めようとしている。それはアメリカ以外にも世界に広がり、情報文化戦略への警戒心は、いまや米政府・議会・メディアなど広い範囲で共有されている。その対応策も展開されてきているが、その有効性にも疑問がある。２０２０年に世界の情報文化と世論の動向は、アメリカと中露の見えない戦争が続いていく。（第12章、石澤）

さらに、ロシアによる２０１４年のウクライナ危機以降、世界はハイブリッド戦の時代に突入した。正規戦、非正規戦、サイバー戦、情報戦などを組み合わせたハイブリッド戦は、ユーラシアのハートランドに位置するランドパワー、中露を包み込むリムランドで頻発している。中露は独自の安全保障観からユーラシアのハートランドの外へと膨張してくる。2020年、北欧、中東欧からバルカン、台湾、そして尖閣諸島にいたるユーラシアのリムランド各地で中露が仕掛けるハイブリッド戦が頻発することが予想される。（第13章、志田）

また、同時にテロの手段も変化し、デジタルテロの時代に突入した。近年は、イスラム国（ＩＳ）やアルカイダなどのイスラム過激派だけでなく、白人至上主義者のグローバルな拡がりも大きな脅威となっている。デジタルテロの時代においては、特定の地域や国家だけの情勢だけでなく、類似性のある外国の紛争や対立、内政などを同じ土俵で照らし合わせ、そこから共通するリスクを発見することが重要となる。地政学においても、トランスナショナルな視点の重要性が増している。（第14章、和田）

特に、２０２０年はアメリカ大統領選挙の年にあたり、２０１７年の大統領選挙における米露の情報戦・ハイブリッド戦による攻防が水面下で激化するであろう。ロシアや中国は平時からグレーゾーンにおいて全地域・領域における情報戦を活発化させるであろう。中国は南シナ海、台湾、日本に対するハイブリッド戦や情報戦を繰り広げることとなろう。また、米国における「インテリジェンスの政治化」はイランや北朝鮮政策をミスリードする可能性がある。インターネットの発達により情報量が爆発的に増加しビッグデータ社会が到来したのである。（第15章、山中）

現在のビッグデータの社会は、ＧＡＦＡ（グーグル、アップル、フェイスブック、アマゾン）により出現した。アップル社はポケットサイズのスーパーコンピュータを造り、グーグルはインターネット網を持ち込み世界中の大陸と海との詳細な地図をつくりあげ、世界中の個人をつなぎ個人情報を吸い上げる仕組みをフェイスブックがつくり、アマゾンは世界の奥地からニューヨークまで世界中の個人宅へ荷物配送するシステムを作った。そしてGAFAにより生まれたビッグデータをAI（人工知能）で瞬時に解析することが可能となった。この新しいテクノロジーはすべての人間の社会生活を根本から変化させると共に、安全保障面でもコペルニクス的転換が訪れさまざまなリスクが解析され、外交安全保障政策にますます不可欠となっていくであろう。

そしてAI（人工知能）技術の急速な進歩によりビッグデータの活用が可能となってきた。ビッグデータはAIにより瞬時に解析可能となり、ますますAIが重要な役割を果たす。その発展の1つに、人間を介さずAIの判断で人命を奪うLAWS（完全自律型致死製兵器）の登場が危惧されている。2018年、CCW（特定通常兵器使用禁止制限条約）の枠組みで初の規制の指針が合意されたが、法的拘束力はない。米中ロなど主要兵器開発国は、AI技術で優位に立つことが覇権獲得につながるとみて兵器開発にしのぎを削る。LAWS問題は、日本の安全保障のみならず、近未来の人類全体が直面する課題でもある。（第16章、津屋）

かつて無人兵器の代名詞であったドローンは、今や一般社会に導入され、社会の仕組みを変えようとしている。例えば、ドローンで実測した3次元データを用いて建機を自動制御し、土木工事の省力化と工期短縮を実現する「スマートコンストラクション」がある。アマゾンはドローンによる配送を始める。一方、ドローンは、兵器としての価値もさらに高めつつあり、戦争のあり方を変えようとしている。サウジアラビアの石油関連施設への攻撃はドローン兵器で行われたが、その技術がイランを中心に中東各地に拡散し、今やテロの手段として用いられ始めた。このようにドローンは社会生活と戦争形態を変容させている。（第17章、高橋）

5 新たなドメイン（領域）での闘い

このように、国際情勢が複雑多岐になる一方、主要国はゲーム・チェンジャーとなる戦闘方法や兵器開発を行っている。AIを搭載した自律型の無人機や極超音速ミサイル、電磁レールガンや高出力のレーザー兵器を間もなく展開するであろう。さらに戦闘領域も陸海空からU-S-A-D-E-N（宇宙・サイバー・電磁波）というドメイン（領域）に戦場を拡大している。

軍事技術やICT（情報通信技術）の進展により社会インフラや軍事活動の宇宙・サイバー領域への依存が高まっているため、ASAT（衛星兵器）やサイバーによる異次元の闘いに移行しつつある。

宇宙空間は人類最後の「フロンティア」である。宇宙空間の利用の歴史は、第2次大戦後の大国間競争の歴史と一致しており、冷戦時代の米ソ2極、冷戦後の米国1極を経て、今再び米中の大国間競争の舞台となろうとしている。しかしながら、その様相ははるかに複雑で

あり、未だ秩序が確立されていない辺境で未開拓な「フロンティア」である。（第18章、吉田）

また、サイバー空間では、国家が関与したとみられるサイバー攻撃が急速に増加し、またその被害も深刻化。サイバー地政学をめぐる米中対立も激しさを増している。米国が「敵対国」として名指ししたロシア、中国、イラン、北朝鮮は、「機能妨害型」「機能破壊型」「情報窃取型」「金銭目的型」のサイバー攻撃を激化。日本向けサイバー攻撃のリスクも「情報窃取型」を中心に高まるであろう。（第19章、大澤）

戦闘のドメインはさらに電磁波領域にまで拡散している。この領域の確保は、通信・レーダー装備などの運用のために不可欠であり、主要国は戦力を効果的に阻止する手段である電磁波妨害（電子攻撃）能力を向上させている。中国は通信システム、レーダーシステム、GPS衛星システムに対する電子妨害作戦を演習する。一方、ロシアはウクライナやシリアで複数の電子戦兵器を使用し、相手の指揮統制、レーダー妨害を行うなど実戦を行い、その電子能力を向上させている。

6　個人や社会に押し寄せる「大変革」をどう乗り切るか

一方、社会に起きている現象はドラスティックである。2020年はオリンピック開催の年であるが、これを機に訪日外国人がますます増え、政府の方針で外国人労働者の受け入れが拡大される。その結果、日本は人口動態の転換を迎える。

日本では出生率と死亡率とが逆転し、人口減少は継続し65歳以上が30％を超える。外国からの大量の移民がない限り際限のない人口減少が続く。日本の総人口は2010年の1億2、805万7千人から一貫して減少し、2050年には毎年90万人減り、このままいけば2060年には8、800万人、2100年には500万人となるとされる。つまり、日本は現在のGDP第3位の地位を維持するために、移民や外国人労働者を受け入れるのか、国家自体をスケールダウンして江戸時代の日本（当時の人口は約3、000万人）を模倣して生き延びる選択をせねばならない。

また、日本では人口が減少する中で高齢化現象も起きている。65歳以上人口は、3、515万人となり、総人口に占める割合（高齢化率）も27・7％となっている。それは労働力人口の減少となり経済活動が鈍化しGDP（国内総生産）の低下へとつながる。そうなれば国際競争力は下がり、税収も下がり、社会保障費が不足し、国家自体のスケールダウンが起こる。

これを補うのが最先端技術と理療技術であろう。遺伝子工学やナノテクノロジーといった分野は猛烈な速さで進展している。修復治療や再生医療で疾患を治療するだけでなく劣化してきた組織を再生し、手や目や脳をアップグレードすることも可能となる。人間をアップグレードするには、生物工学、サイボーグ工学、非有機的生物を生み出す工学の発達がある。生物工学は人の遺伝子コードを書き換え、脳の回路を配線し直し、生科学バランスを変え、安全に新しい手足を生えさせることを可能とする。サイボーグ工学は、バイオニック・ハンド、人工の目、無数のナノロボットと一体化させる。
人類の寿命が延び、労働可能年齢が上がれば国力の低下は抑えられる。医療が発達し生活はより便利になって平均寿命が伸び続け、定年年齢を引き上げたり退職後の雇用をつくったりして高齢者の労働力参加率を高めれば、労働人口は増加する。しかも人口減少はロボットや外国人労働者で補える。現在は60歳や65歳が定年であるが、これから人生100年時代が到来すれば60代半ばはまだ働き盛りともいえる世代となるのは目前かもしれない。

このように2020年は未曾有の大転換期になるだろう。2020年の国際社会の特徴は、地理的制約がなく時間的なものも超越するので瞬時にして状況が転換するところにある。その根底には数千年に一度といわれる第四次産業革命があり、IoTやビッグデータ、AI、ロボットなどの革新的技術によって、産業や社会構造の抜本的な転換が図られる。
2020年、我々は過去に先例のない変化の渦に巻き込まれ、今後はさらに人間の認知を超えた領域に近づいているといえよう。この変化の渦をどうとらえ、どう対応するか――。外交政策センター（FPC）はそのトレンドをいち早く予知し、その解明策を提示する。

目次

第1部

地域別予測

第1章　アメリカ―バノン思想に再傾斜するトランプ

杉田弘毅

英国民投票でのブレグジットの選択、米大統領選のドナルド・トランプ当選、ブラジルのボルソナロ大統領当選と続いてきた世界のポピュリズム運動に水を差す出来事が２０１９年夏、イタリアで起きた。右派の「同盟」と左派の「五つ星運動」が合体して誕生したポピュリズム政権が崩壊したのだ。「同盟」が閣外に去ることで新たに誕生した中道左派政権に、最も失望した人の１人がトランプ大統領の元首席戦略官であったスティーブ・バノンである。

バノンはイタリアの左右連立政権を「ポピュリズムの実験。ドナルド・トランプ派とバーニー・サンダース派の合体」と称して支援してきた。右と左という冷戦思考でなく、「エスタブリッシュメント」対「忘れられた人々」の対立こそが21世紀の現実だというのが、現代ポピュリズム運動である。バノンはイタリアの左右連立ポピュリズム政権こそ、世界の政治潮流の趨勢を示すと称賛してきただけに、そのあえない失敗は曲がり角に立つポピュリズム運動を象徴する。

1　欧州での失速

バノン思想は、西洋文明の防衛やユダヤ・キリスト教社会に侵攻するイスラムの撃退といった歴史や宗教に根差した運命論的な色合いを帯びる。カトリックであるバノンは、先進国でもカトリックの影響力が強く残るイタリアのポピュリズム運動に肩入れしてきた。バノンがかつて会長を務め、言論戦でトランプの当選に大きな貢献をしたブライトバート・ニュースは２０１３年には早くもローマに支局を開いている。

バノンは19年春にはローマ郊外の山間部にある修道院を借りて右派ポピュリズム運動の学校である「ユダヤ・キリスト教西洋学院」の開校を発表した。しかし、左派のイタリア文化相がバノンらが歴史的な建造物である修道院を借りることに反対を表明し、いったん許可した借用権を取り消した。学院構想は宙に浮いてしまった。

バノンが右派ポピュリズム政党を推した19年5月の欧州議会選挙は、EU懐疑派の議席が3分の1に届かず伸び悩んだ。欧州のエスタブリッシュメント知識人は、「ナチスの歴史を記憶し、文化的にも米国と異なる欧州各国の右派政党は米国人であるバノンの上から目線での指示を受け入れない」と述べている。誇り高い右派の民族主義者は米国の右派への従属を望まないというのは確かであろう。

バノンは欧州議会での右派勢力の拡張を狙い、国境を超えた右派ポピュリズム運動として

「ザ・ムーブメント」という組織も立ち上げた。だが、イタリアのマッテオ・サルビーニ前副首相、ハンガリーのオルバン・ビクトル首相ら共感者は限られた。欧州の大半の国は政党が外国から支援を受けるのを禁じており、制度的にもバノンが影響力を振るうのは難しい。

2　100％トランプと同じ

欧州で思い通りの成果を上げられなかったバノンは、米国での活動にシフトしている。2020年の大統領選がそのターゲットだ。

数多くの疑惑を抱え弾劾調査で追及されるトランプの再選の道は険しい。コアな支持者の結束は何としても守りたい。右派ナショナリズムを掻き立てる宣伝戦、それも「我々」対「彼ら」という対立をインターネットでつながる「地下層」に流して覚醒させる巧みな手法で、バノンの右に出るものはいない。バノンを解任したトランプだが、窮地の大統領選を乗り切るために、バノンと彼が動員できるオルト・ライトにますます頼る状況に追い込まれている。

現代米国の右派ポピュリズムは、①社会政策での保守派、②軍事面でのタカ派、そして③経済ナショナリズムの3要素で成り立つ。バノンはアイルランド系の伝統的カトリックとして①を満たし、1979年のイラン革命に翻弄された米海軍駆逐艦の士官だった経験から②を知り、その後ハーバードビジネススクールに行きゴールドマンサックス投資部門で働いたことで、経済グローバリズムがいかに少数のエリートを肥やしているかを目撃し③に帰結した。言わば人生の軌跡からして、右派ポピュリズムの理論的旗手となる資格を持つ。

さらに言えば、バノンは香港でコンピューターゲームの大手企業の経営を担ったことでネットの地下世界の文化を熟知し、ハリウッドで映画作りに携わった経験から右派の信条をストーリーとしてビジュアル化する技術も知っている。その世論調査分析の独特の知見は、トランプ当選の原動力となった。トランプが逆風の再選選挙に臨むに当たり、米国の大量の不満派をトランプに投票させる術を知っているバノンに頼るのは自然ではなかろうか。

バノン本人は20年選挙でトランプ陣営に加わることは「ない」と否定する。2017年8月にホワイトハウスを去った際に、トランプの娘のイバンカや娘婿のクシュナーとの間で生まれた確執は深く、トランプ選対には戻れない。だが、中国封じ込めや不法移民締め出しのための「壁」建設という、バノンの目標実現のためには、トランプの再選以外に道はない。外から徹底的に民主党を叩いてトランプを支えるという戦略であろう。

バノンとトランプの気脈が今も通じていることをうかがわせたのが、弾劾調査のきっかけとなったウクライナ大統領との電話会談だ。この電話会談では対立候補となる可能性がある民主党ジョー・バイデンのあら捜しをトランプが頼んだことが弾劾相当として批判されているが、もう1つ注目点がある。トランプはロシアが2016年大統領選に介入したことについて、実はウクライナが介入したのだという文脈で語っている。そして民主党全国委員会のコンピューター・サーバーを管理する会社クラウドストライクが民主党のサーバーをウクライナに隠しているので、それを探してほしいと要請しているのだ。

この民主党のクリントン陣営こそが2016年大統領選介入の黒幕であり、クラウドストライクとウクライナ人の民主党シンパがその実行役であるという陰謀論は、米国のメインストリームは誰も信じていないが、オルト・ライトのネット空間で語られているものだ。こうした「地下」の異端言説を米国の大統領であるトランプが外国元首との会談でまともに取り上げた事実は驚かざるを得ない。トランプがオルト・ライトにいかに浸り影響を受けているかを浮き彫りにする。

2019年3月に来日したバノンを長時間インタビューした際に、トランプとの関係を聞いてみた。「100%、私とトランプは同じ考えだ」とバノンは語った。「今のホワイトハウスには戦略家はいない。トランプだけが戦略を考えている」と言ったが、そのトランプの頭の中は私のアドバイスで埋まっているというわけか。

3 中国封じ込めという使命

バノンによると、トランプは再選を目指す大統領選挙では、「大衆の救済」に加えて中国という「外からの脅威」というポピュリズム・メッセージを強烈に発し続ける予定であるという。そのメッセージはバノンら米国の右派ポピュリズム運動がフォーカスするものと一致する。

中国は2016年の大統領選挙の時には大きく掲げられていなかった。トランプは中国の対米貿易黒字や中国への米工場の移転をやり玉に挙げただけだ。ただ、「米国は食い物にされてきた」という表現で怒りの対象として位置づけてきた。

しかし、2016年の選挙から3年がたち、米中関係は暗転した。2030年には米国を追い越すと予測される経済、「中国製造2025」が象徴する技術覇権獲得の動き、そして明らかな軍事拡張主義は、党派を超えて米国民の間に中国との競争は抜き差しならない状況になった、という認識を植え付けた。

バノンは米中関係を「新冷戦」ととらえる。ほかの対外関係の問題はすべて米中新冷戦の文脈でとらえなおす必要がある。例えば、米朝関係は、バノンによると、トランプは「脇の話」と考えていると言う。「北朝鮮は中国の隷属国家。中国への対抗という文脈で、トランプは北朝鮮と交渉している。だからこそ北朝鮮と合意して中国を弱体化しようとしている」とバノンは語る。

アフガニスタンやシリアからの米軍撤退も国際的な批判を浴びているが、バノンは中国に集中するための「戦略的決断」と位置づける。米国の世界戦略はすべて中国の挑戦に勝利するためにある、という図式が浮かび上がる。

バノンは最近の講演などで、1999年に中国人民解放軍の中堅幹部2人が出版した本『超限戦』をたびたび口にしている。『超限戦』は、正規軍による軍事力を正面からぶつけ合う戦争ではない、新しい戦争の時代を説いたもので、現役士官が書いたことから中国の戦略を示している、と話題となった。出版直後、手段を選ばずに超大国に挑む戦い方を弱小国やテロリストに伝授したと批判された。だが直後に起きた9・11同時テロや中国の興隆は、その後の動きを的確に予想した、と評価されている。

4　情報・サイバー戦を挑む中国

バノンの中国分析はこうだ。

中国は現在、①情報・サイバー戦、②経済戦、③軍事戦─を挑んできているが、経済戦と軍事戦は米国にかなわない。だから情報・サイバー戦を優先させている。華為技術（ファーウェイ）が握る第5世代（5G）移動通信システムを使って世界を支配する企てはその象徴であり、また先端技術の強制移転制度を通して、米国や日本から技術を盗んでいる、と言う。超限戦である「情報・サイバー戦を止めなければ、本当の戦争が起こってしまう」と物騒である。

マッキンダーのハートランド理論やマハンのチョークポイント論などを使い、地政学的に中国を分析するのがバノンの特徴だ。「まず東アジアを握り、太平洋から米国を追い出し、そしてユーラシア大陸を握る。世界覇権の実現だ。『一帯一路』構想は地政学戦略」と言う。だからこそ中国は米国にとって「存在を脅かす脅威」となる。

バノンら右派ポピュリズムは、２０１６年の大統領選、さらには17年のトランプ政権発足のころまでもともと反イスラムが信条だった。バノンはイスラム圏の特定の国からの入国禁止をホワイトハウスで実現し、白人至上主義、人種差別と指弾された。だが今は反中国だ。過激組織「イスラム国」（ＩＳ）が崩壊状態となり、イスラム過激派のテロの嵐も収まった。代わってデジタルスパイなど中国脅威論が米国を覆う。こうした脅威の変容に合わせて標的も変わった。

右派ポピュリズムは反エスタブリッシュメントの草の根右派運動でもある。こう書くと誰もがティーパーティー（茶会派）を思い出す。だが茶会派が小さい政府を志向し、国外への関与よりも米国内の事案への集中を説くのに対して、バノンは、外からの敵と戦うことを使命とするタカ派である。

トランプの中国政策のアキレス腱は、中国と敵対すればするほど経済が冷え込み再選戦略の足を引っ張るというものだ。株価暴落にトランプは耐えられない。バノンは長期的な中国の覇権獲得の恐ろしさの方が株価下落より重大事態のはずだ、と原理主義的である。このバノンの考えは、経済が失速すれば再選はないと信じ切っているトランプには通用しない。バノンもトランプ落選は最悪のシナリオだから、中国脅威論を煽りながらも決定的な対立は大統領選後に持ち越す戦略となるだろう。

5　労働者階級

バノンのもう1つの使命は、経済ナショナリズム、つまり「大衆の救済」である。忘れられた人々に声を与えるというものであり、これはトランプの2016年大統領選挙の公約の柱だ。バノンは、「米国の強さは労働者階級にある」と見る。このため、中国とその覇権形成に手を貸してきた米国の企業家たちは、労働者階級の敵となる。注目すべきは、「大衆の救済」の目的実現に当たっても、中国との対決という使命が入り込んでいる。2020年大統領選で「中国」が重大視されるという予想が浮かび上がってくる。

「大衆の救済」というメッセージは社会主義革命家のようだが、違いは自由、自由主義陣営の防衛、そして資本主義の立て直しに力点を置くところだ。社会民主主義的な政策は統制国家に道を開くため受け入れられないという持論である。この辺は、自由を何よりも大事にする米国の右派ポピュリズムの系譜を反映している。キリスト教に立脚する、自由な西洋文明は、社会主義とは相いれないという原則が背景にある。

ただ、トランプが「大衆の救済」を実現したとは言えない。ラストベルトは2017年末の減税で一時的に潤ったものの、中国やメキシコからの工場の帰還は実現しておらず、米中貿易戦争で米国経済にも陰りが見える。昨年11月の中間選挙では下院を民主党に握られるという手痛い敗北を喫した。「共和党エスタブリッシュメントがひよったから敗北した」とバノンは言う。民主党のリベラルよりもマコネル上院院内総務ら共和党のエスタブリッシュメントや企業家の方が労働者階級の敵である、中国の味方をしており、始末に悪いというのである。

6 弾劾調査の行方

さて、目下の関心はウクライナ疑惑をめぐる弾劾調査の行方だ。バイデンの追い落としの材料探しをウクライナ大統領に頼むとは、誰の目にもトランプのあくどさは明らかだ。国家安全保障問題担当補佐官を解任されたジョン・ボルトンら元政権高官らはトランプが外国首脳に政敵のあら捜しを依頼した会話を知っており、彼らがメディアを使ってリークを始めたとしたら、トランプには決定的なイメージダウンとなろう。

トランプ弾劾をめぐる米世論は民主党が弾劾支持、共和党が反対という党派対立をそのまま映している。オルト・ライトなど共和党支持者をつなぎとめておくためにも、トランプは「中国封じ込め」と「大衆の救済」を訴え続ける必要がある。リベラルメディアはトランプのスキャンダルを大々的に報道するだろうが、共和党が結束を続けさえすれば、罷免は免れる。トランプは、民主党は弾劾優先で国民生活に直結する重要な法案審議を妨害したと訴えており、その主張は共和党を中心にかなりの国民に支持されている。再選される可能性は十分あるだろう。

もう1つ気になるのは対メキシコ国境の「壁」の建設問題だ。不法移民はオルト・ライトにとって永遠の「外からの脅威」であり、その流入阻止はトランプの看板公約だ。下院を民主党に奪われ、壁を実際につくるのは難しくなったのだが、非常事態宣言を出してまで壁をつくる姿勢に「ベース（岩盤支持層）は喜んでいる」とバノンは言う。あらゆる努力をして壁をつくろうとしているという姿勢が重要だというわけだ。

バノンは、ウクライナ疑惑の発覚前から、米政治はトランプと民主党の対決が一層醜悪になり、あらゆる法案審議が止まり、2020年の大統領選に向けて、「米国は南北戦争以来の分裂に陥る」と予測していた。トランプが弾劾で罷免されたり、あるいは再選されなかった場合、「南北戦争」は起きるのだろうか。バノンらオルト・ライトは武器をとることはないだろうが、大統領選の結果を受け入れずにネットメディアで思想戦を続けるのだろう。

ウクライナ疑惑の発覚後も共和党支持層の間でトランプの支持率が9割前後を維持している。この疑惑は、内部告発者が中央情報局（CIA）職員であったことから、情報機関による政権転覆の組織的な陰謀という見方がトランプやその周辺から聞こえてくる。情報機関が国家内国家として力を持つ状態をオルト・ライトは「ディープステート」と呼んでいるが、これから2020年大統領選本番までは、ディープステートによるトランプ再選阻止の陰謀が始まったとの言説が陰謀オルト・ライトの間でますます広がるに違いない。

トランプが大差で敗北すれば、さすがにオルト・ライトもあきらめるだろう。だが、僅差となれば、トランプ支持者が敗北を認めない南北戦争時のような混乱に米国は陥る懸念がある。

7 日本とは何か

バノンの思想は乱暴だが、一方で現実主義でもある。

例えば、ロシアについてはハッキングによる米国民主制度への介入は明らかなのだが、それを重大視しない。「ロシアは小さな国だ。ロシアのハッカーは米国の存在を脅かさない」と言う。本当の脅威である中国から関心をそらしてはならない、と言うのは確かにリアリズムである。

さてバノンが「トランプの前にトランプと同じ発想で指導者となった」とたたえるのが安倍晋三首相だ。安倍首相は愛国者、ポピュリスト、経済ナショナリストとして最初に権力を握ったリーダーであり、潮流の創始者として「我々は称賛している」と言う。

韓国については、バノンは文在寅大統領が北朝鮮や中国に接近し過ぎているとの見方をとり、「コレグジット」と語っている。日米韓の同盟関係から韓国が抜ける事態を想像して、英国のEU離脱（ブレグジット）になぞらえた。

だがバノンの安倍首相への称賛は「褒め殺しになってしまう」のではないか。まずトランプやバノンが持つ人種意識や排外的な言動はマイナスのイメージが日本では強い。だから、トランプ―バノングループとの一体化はプラスではない。

より重要なのは日本外交の手足が縛られることだ。バノンによると、トランプと安倍首相はトランプタワーでの最初の会談（2017年11月）以来、中国の問題を話し合っているという。今、日本は中国からの呼び水に応じようとしているから、日米の間でギャップが広がるかもしれない。称賛は期待も含むが、時に過度な期待になりがちだ。

トランプは依然バノンの思想に操られている。そして日和見である。

トランプの名声を全米に知らしめたテレビのリアリティーショー「アプレンティス」（見習い）では、黒人やヒスパニックの出演者に焦点をあてることで、少数派の好感度を増すことに成功した。ところが、2016年大統領選では急に白人至上主義的なメッセージを発し差別主義者との批判も気にしない。「反移民を打ち出さないと選挙に勝てない」とのバノンの教えに従ったものだ。テレビショーでの少数派重用も視聴率を稼ぐというテレビ局や広告主の意向に沿ったものだった。

その時その時の必要に合わせていくらでも姿勢を変える人物であることを、日本もしっかりと理解しておく必要があるだろう。

第2章　香港・台湾――「乱の年」を覚悟せよ

近藤大介

1　今日の香港

「蟻の一穴」という言葉がある。もともとは古代中国の哲学者として名高い韓非子（紀元前280年～233年）の「千丈の堤、蟻の穴をもって潰れる」（千丈之堤、以螻蟻之穴潰）の故事によっている。

『韓非子』を愛読し、本人を宰相にしようとしたのが秦の始皇帝で、始皇帝を尊敬し、その手法を真似たのが、中華人民共和国の「建国の父」毛沢東元主席。そして毛主席を崇拝しているのが、習近平主席だ。

その習主席が、2020年には「蟻の一穴」という故事を、痛感することになるかもしれない。「蟻」とは、激震する香港のことである。

389議席対60議席――誰も予想しなかった驚愕の選挙結果が出た。

民主派たちが、「光復香港」の4文字に祈りを込めた香港区議会議員選挙が、11月24日、予定通り行われた。18区452議席を巡って、民主派と親中派（建制派）との全選挙区一騎打ちだった。選挙は香港全土約600カ所で、午前7時半から午後10時半まで投票。294万人が投票し、投票率は71・2%と過去最高に上った。

選挙当日、香港のテレビは延々と続く投票の列を映し出していた。どの選挙区でも、1時間、1時間半待ちの行列ができていたが、私はその映像を見ていて、香港市民が「投票というデモ」を行っている気がした。

この選挙結果から、香港特別行政区政府（林鄭月娥行政長官）およびそのバックに控える中国政府が、袋小路に陥っていることが推測できた。

そもそも香港当局が予定通り選挙を実施したのは、次の「6つのメリット」によるものだった。

①　選挙当日までに最も過激なグループの拠点を制圧できた
②　政府は「一国二制度」を維持しているとアピールできる
③　民主派が勝利しても、区議会議員には軽微な権限しかないので香港政治は押さえ込める
④　選挙を延期した場合、どう実施していくか着地点が見えない
⑤　選挙を延期した場合、香港全土のデモにつながるリスクが高い
⑥　選挙を延期した場合、アメリカが本格的に介入してくるリスクがある

だが、あえて選挙を実施した結果、香港の民主派をますます活気づけてしまったのである。

これに対して、中国政府はとっておきのカードを用意していた。それは、株式時価総額で

世界7位（2019年10月現在）のアリババを、選挙翌々日の11月26日に、香港証券取引所で上場させたことだった。

アリババは、2014年9月にニューヨーク証券取引所に上場している。だが、昨今の米中関係の悪化に伴って、中国政府は非公式に、アメリカで上場している中国企業156社に対して、香港との重複上場を推奨している。いずれ米中のデカップリング（分断）が顕著になった際に、アメリカから逃げられるようにとの配慮である。中国企業としてもリスク回避になる。

そもそもアリババは、2014年に香港での上場を希望していたが、「種類株」（創業者の保有株の議決権などを積み増す制度）の発行を許可しなかったことでニューヨークに逃げた経緯がある。その後、香港証券取引所は、2018年3月に始まった米中貿易戦争で危機感を持った中国政府に促される形で、「種類株」容認に踏み切った。その第1号は、同年7月に香港で上場した小米（シャオミー）だった。

ともあれ、アリババの重複上場によって、株式時価総額で世界9位（同）のテンセントと合わせて、中国の「ビッグ2」が、香港で上場したことになる。中国政府と香港特別行政区政府は、この実績をアピールすることで、香港の秩序回復に弾みをつけようとしたのである。

ところが、「アリババ上場」のニュースが流れても、多くの香港市民の表情が晴れることはなかった。

こうした香港人の冴えない表情は、20年ほど前にも見たことがあった。1997年7月1

日、香港がイギリスから中国に返還された時、香港市民たちは、返還の歓喜ではなく、「一国二制度」という未知なる制度に対する不安の眼差しに満ちていた。その日に施行された香港特別行政区基本法によって、「現有の資本主義制度と生活方式を保持し、50年変えない」（第5条）と定められたのが、せめてもの救いだった。

ところが21世紀に入ると、中国と香港の「蜜月時代」が始まる。莫大なチャイナマネーが香港の不動産や証券市場を潤し、膨大な「爆買い中国人」たちが香港の街を練り歩いた。２００１年にＷＴＯ（世界貿易機関）に加盟し、２００８年に北京五輪を控えた中国もまた、国際金融都市・香港を必要としていた。両者は「相思相愛」の関係を築いた。

それが習近平時代になって、再び雲行きが変わった。２０１１年10月の「6中全会」（中国共産党第17期中央委員会第6回全体会議）で文化教育の社会主義化路線を打ち出した習近平副主席（当時）の影響で、翌２０１２年に香港特別行政区政府は「愛国教育運動」を始めた。だがこれに反発した香港市民は、大規模なデモを起こして、この方針を葬った。

２０１３年に習近平政権が正式に発足すると、翌年8月、北京の全国人民代表大会常務委員会が、２０１７年の香港行政長官選挙は普通選挙にしないことを定めた。これに怒った学生たちは「雨傘運動」（放水車や催涙弾に傘で対抗することからこの名が付いた）を起こした。だが、北京ＡＰＥＣ（アジア太平洋経済協力会議）をつつがなく終えた後、中国政府の強命を受けた香港特別行政区政府が、力でねじ伏せた。そして２０１７年の返還20周年に香港に降り立った習近平主席は、「北京の傀儡」林鄭月娥行政長官を就任させ、合わせて香港で初となる人民解放軍の閲兵式を強行したのだった。

こうした740万香港人の「憤怒の鬱積」が、2019年夏に爆発したのである。

それは言い換えれば、「一国二制度の矛盾」が露呈したものだ。習近平政権のスローガンの1つに、「国があって初めて家庭がある」（有国才有家）という文句があるが、中国政府にとっては、まさに「一国あっての二制度」である。

ところが圧倒的多数の香港人（香港大の2019年6月の調査で76・4％）が、自分は中国人とは認識していない。あくまでも自由と民主を謳歌する香港人だと考えているのである。皮肉なことに、1997年の香港返還後に生まれた若い世代に、特にその傾向が強い。彼らにとっては決して遠い未来ではない2047年に、香港が完全に中国共産党統治下に入り「一国一制度」となることは、まさに「香港の死」＝「自己の死」を意味するのである。

2019年10月1日、北京では建国70周年記念式典を盛大に挙行した。最新兵器の軍事パレードや社会主義を称えるマスゲームを駆使して、「習近平新時代の中国の特色ある社会主義思想の貫徹」を内外に宣布したのだった。

だが同日、2,000km離れた香港では、警官が放った一発の銃弾が、デモに出ていた18歳の高校生の胸を撃ち抜いた。幸い緊急手術によって一命をとりとめたが、中国の「国慶節」を、香港人は「国難節」となじった。

この時、約240人の代表団を引き連れて北京入りしていた林鄭長官は、習近平主席に面会し、「強硬策」を厳命されたものと思われる。彼女は香港から戻るや、10月5日に緊急状況規制条例を施行し、皮切りとして覆面禁止法を定めた。マスクの着用を禁止すれば、顔が特定されるリスクを恐れた若者たちがデモを止めるだろうというわけだ。

それでも10月以降、デモが止むことはなかった。「五大訴求、欠一不可」（5大要求のうち1つが欠けても不可）をスローガンに掲げた香港市民は、ますます神出鬼没にデモを激化させていった。

そんな中で11月24日に区議会議員選挙が行われ、民主派が圧勝したのである。それでも林鄭長官は2日後の26日に会見し、9月4日に逃亡犯条例改正を撤回した以上の妥協には応じない姿勢を明確にした。

こうして当局と市民とのチキンレースがエスカレートしていく香港だが、2020年にはどうなっていくのか。私は30年来の友人である香港人に聞いた。彼は資産家で、中国大陸とも手広くビジネスを行っているが、政治的な感覚が鋭く、デモを行う若者たちを支持している。

彼は次のような持論を展開した。

「2020年は、まさに決戦の年となるだろう。すなわち、740万香港人が自由と民主を勝ち取るか、それとも中国大陸に吸収合併されてしまうかということだ。言い換えれば、香港が生きるか死ぬかということだ。

香港人は、いまや『藍丝《ランスー》』（青色派＝親中派）と、『黄丝《ホアンスー》』（黄色派＝反中派）とに、完全に割れつつある。まるで同じ土地に、2つの人種が住んでいるような状態だ。『藍丝』を代表するのは、林鄭月娥行政長官率いる香港特別行政区政府、およびその配下にある警察だ。だがそれ以外の香港市民は、『黄丝』に傾きつつある。5年前の『雨傘運動』は学生だけのデモだったが、いまや大多数の香港市民による運動に変わってきているのだ。

デモによる経済的なダメージは、自由を確保するための陣痛だとして、香港人は覚悟している。自分たちの行政長官や立法会議員を自由に選べないことに納得できないのだ。

今後は、香港が完全な自由と民主を獲得するか、それとも中国大陸に完全吸収されてしまうかというところまで行くのではないか。富裕層はすでに他国への移民を始めている。それ以外の多くの香港人は、退路を断って香港特別行政区政府およびその背後にいる北京政府と戦う気でいる」

彼の話を聞いていると、2020年に香港で「第二の天安門事件」が起こるのではと懸念される。人民解放軍による鎮圧に関しては香港基本法で、「香港特別行政区政府は必要時に、中央人民政府に対して、駐香港の人民解放軍に社会の治安維持と災害救助を求めることができる」（第14条）と定めているからだ。その不安をぶつけると、こう答えた。

「同じ香港人である香港特別行政区政府が、わざわざ人民解放軍に、香港市民の鎮圧を求めるだろうか？　もしそんな事態に陥ったら、『香港の死』であると同時に、中国経済も崩壊するだろう。

その前に中国政府は、林鄭月娥長官に責任を取らせる格好で辞任させて、収束を図ろうとするに違いない。そうなったらわれわれは、次の行政長官を普通選挙で選ぶよう求めていく。

２０２０年にわれわれが頼るのは、アメリカと台湾だ。アメリカ連邦議会上院は11月19日、下院に続いて香港人権民主主義法案を可決した。この新法はわれわれにとって、大いにバックアップになり、逆に香港特別行政区政府および中国政府にとってはプレッシャーとなる。

２　明日の台湾

また台湾では、『今日の香港は明日の台湾』を合言葉に、香港のデモに対する共感の輪が広がっている。香港からの亡命者を受け入れようという運動も起こっている。この先、香港市民と台湾との連帯は、ますます拡大していくだろう。

２０１９年９月28日に台北で開かれた民進党創建33周年の党大会では、蔡英文総統が『敵は内（国民党）ではなく、台湾海峡の向こう側（中国政府）だ』と述べて、大いに盛り上がった。１月11日に総統選挙が開かれるが、中国政府と対立する民進党の蔡英文総統の再選は、ほぼ間違いない情勢で、あと４年は台湾を頼れる」

確かに私も、２０２０年は香港の問題が台湾に飛び火し、中台の激しいつばぜり合いが起こるように思えてならない。さらに、太平洋の向こうのアメリカ大統領選も絡んでくるから、米中２大国による香港と台湾を巡るデッドヒートが予想される。

中国は、アメリカとの対立を４段階で考えている。第一段階が２０１８年３月に、アメリカが中国産の鉄鋼とアルミに追加関税をかけて始まった貿易戦争。第二段階が２０１８年４月に、アメリカがＺＴＥ（中興通訊）を制裁して始まったハイテク戦争。第三段階が２０１９年８月に、アメリカが中国を為替操作国に認定して始まった金融戦争。そして最終段階にあたる第四段階が、２０２０年以降に懸念される米中の局地的な武力衝突である。

武力衝突が起こる可能性があるのは、米中がともに軍事力を展開している場所、すなわち南シナ海、東シナ海、台湾周辺の3カ所に限定される。中でも1月に総統選挙が行われ、再選された蔡英文政権が独立志向を高め、香港のデモが飛び火していくであろう台湾こそが、アジア最大の火薬庫だ。中国がこれほど南シナ海の権益確保に固執するのも、台湾統一に向けた拠点づくりという意味合いが大きい。

２０１９年夏、ある中国人から、こんな話を聞いた。

「台湾総統選挙では、蔡英文が再選されてくれた方が、むしろありがたい。なぜなら国民党の韓国瑜候補が勝利したなら、両岸の友好を言い出すから、こちらとしても拳を振り上げにくくなる。だが蔡英文が再選されると、これまで胸に秘めてきた台湾独立の野心を露呈させるだろうから、中国としても統一に向けて動きが取りやすくなるというものだ」

習近平主席は２０１９年1月2日、人民大会堂で開かれた「台湾人民に告げる書」40周年記念式典で、「香港式の『一国二制度』による早期統一」を改めて呼びかけた。「台湾人民に告げる書」は、１９７９年元日に米中国交正常化が果たされた際、アメリカが台湾への関与を定めた台湾関係法を制定したのに対抗して、早期の統一を台湾人に呼びかけたものだ。

ところが、2019年夏に香港のデモが激化すると、中国政府は重要な方針転換を行った模様である。すなわち、台湾統一後に「一国二制度」にすると香港のようなデモが起こるので、「一国一制度」を貫くということだ。これは言い換えれば、台湾を武力統一する可能性が従来より高まったことを意味する。

この方針転換に合わせて、アメリカとの「持久戦」も覚悟した。2019年夏、中国共産党の幹部たちは、毛沢東元主席の『持久戦論』を再学習した。これは、抗日戦争が始まった翌年の1938年5月から6月にかけて毛沢東が唱えたもので、あえて持久戦に持ち込むことで、最終的に日本軍を撃破できるとした。習近平政権は、『持久戦論』の「日本」を「アメリカ」に置き換えることで、最終的にアメリカを撃破しようというわけだ。

東アジアに暮らす人々は誰しも、地域の平和と安定を願っている。だが2020年は、香港の混乱が台湾に飛び火し、さらに米中の対立が激化するという「乱の年」になることを、覚悟しておいた方がよいかもしれない。

第3章 中国―アメリカを打ち負かす習近平の「夢」

富坂 聰

1 第一の百年目標

２０１９年10月１日、北京は新中国成立70周年（中国建国70周年）の記念イベントに沸いた。

早くから「九・三閲兵」（２０１５年、反ファシズム・抗日戦争勝利70周年の閲兵式）を超えるだろうと予告されていた軍事パレードは、32の装備部隊、15の歩兵部隊に加えて空の部隊、情報部隊、無人兵器部隊なども連なり、合わせて約１万５、０００人の兵士が参加する大規模なものとなった。初めて公表される兵器も40種類に及んだ。

イベントに先立ち、中国が国民生活向上の目標として掲げていた小康社会については、「実現までの距離が日に日に近づいている」（建国70周年記念イベント記者会見『新華ネット』９月27日）とアピールされた。

宇宙、深海、ＩＴ分野などで中国が放つ存在感の大きさもクローズアップされ、中国企業が最先端分野で打ち立てたさまざまな功績が披露された。

中国が経済大国として台頭したことを世界に向けてアピールしたのは２００８年の北京オリンピックだったが、今回は「次のステージ」でも大きく飛躍する可能性があることを内外に示す狙いがあった。

その意図は十分に達せられたのではないだろうか。

中国という国が内包する人権問題は、依然として西側先進国グループから厳しい批判の目を向けられている。経済発展を遂げたいまもなお、埋めがたい価値観の違いがある。

かつて冷戦時代の東側陣営が備えていた秘密主義に彩られ、巨大なマーケットパワーを背景に他国へ圧力をかける大国に非ざる行為も健在で、経済発展したとはいえ、世界をリードする国としては納得できない要素が多く見つかる。

しかし、それでも過去70年の間、この国が成し遂げてきた長足の進歩を否定できる者はいないはずだ。

今年、習政権の内政における最大テーマは「中国建国70周年」のイベントを成功裏に導くことだった。そして9月に入ると中国の様子は一変してゆく。

14億人が1つのイベントの成功に向けて動くエネルギーは凄まじく、それまで話題の中心であった香港の大規模デモはもちろん、米中貿易戦争の話題さえ、人々の関心から遠ざかっていったのだ。

既視感のある展開である。

２００８年を思い返せば、年初からチベット問題が火を噴き、西側先進国のメディアは中国を厳しく攻撃した。その直後、四川大地震が起き、中国へのバッシングはやや緩んだものの、世界各地で聖火ランナーに対する妨害が起きた。国を追われた少数民族を中心にして、彼らを応援する現地の人々が抗議の輪に加わった。これに対し中国は、現地の留学生を動員して対抗。現場は混乱した。各地で「中国異質論」が噴出し、ついには「本当にオリンピックなどできるのか」という疑問の声まで上がったのである。

だが、蓋を開けてみればオリンピックは大成功し、中国の選手は金メダルを量産したのだった。

常に逆風と混乱がつきまとうイメージながらも、ふと気が付いてみれば、一回りも二回りも大きくなっている。そんな変化も中国が備えている1つの特徴だろう。

2　習近平は毛沢東と並んだのか

70年間の変化を前面に押し出せば、中国の発展は顕著である。それが歴史の積み重ねの結果であることはいうまでもない。

だが、この巨大な功績はいま、中国のトップに君臨する1人の人物によって世界に発信されるのである。習近平国家主席だ。

興味深かったのは、建国70周年記念イベントの直前、AFP通信が「中国建国70年、大きく変わった国と社会」と題して配信された記事（時事通信　9月30日）である。その中の一文には、「毛沢東（Mao Zedong）氏と習近平（Xi Jinping）氏（66）は、中国を最も代表する国家主席といえる。」という表現がみつかるのだ。

鄧小平という人物を飛び越えて毛沢東と習近平が中国の70年を代表するといわれれば、大いに首をひねらざるを得ない。中国経済の現在に至る飛躍は、鄧小平の改革開放政策を抜きに語ることはできず、しかも改革開放政策は党内にまだ強い抵抗が残っていた中で鄧小平によって敢然と推進――92年の南巡講話に象徴される――されたのである。その後の経済発展は、鄧の大決断があってこそのことだ。

ただ、そうした前提があってもなお習近平の功績が「毛沢東と比肩する」という評価があるのは、習が鄧を超えたか否かにかかわらず、習近平後の中国の変化を評価する声があるからである。

そうした角度から「習後」を振り返ってみれば、まず挙げられるのは、全官僚の強い反発も顧みず反腐敗キャンペーンを敢然と行った習近平の実行力だ。習以前の江沢民、胡錦濤という2人のリーダーが任期中、ずっと放置してきた国有企業改革や軍事改革に踏み込んだことは代表的だ。

国有企業改革では、サプライサイド改革の名の下、実際にゾンビ企業を徹底して退治した。中国経済が、08年の世界金融危機に際して出した4兆元投資の後遺症に苦しむ中、財政再建にも舵を切った。財政の立て直しとゾンビ企業の退治に伴うリストラは、当然のこと中国の景気を後退させる要因ともなったが、将来のことを考えれば賢明な選択だったといえよう。

またPM2・5を劇的に減らし、北京に青空を取り戻した――完全にではないものの大幅な改善がみられた――ことにも象徴される環境問題への取り組みもある。トイレ改革にまで口を出し、ごく短期間にトイレ環境を改善したのも記憶に新しい。

この間、習近平が政治面から力を注いだのが、党の指導の徹底という名の中央集権化――一部の権限は下放し、またデジタルで代用するという改革も進めているが――であり、コントロールタワーの責任を明確にすることであった。

軍事改革においても党中央軍事委員会の権限を強化する組織改革を断行し、党の指導小組を委員会に格上げして強化した。象徴的な動きといえるだろう。

こういった改革の後遺症として、官僚たちは罰則に怯え、メディアは表現の範囲を狭められるという、いわゆる〝時代の逆行〟と批判される民主の後退が顕著となったのも、習政治の特徴だろう。

ただ、そうしたマイナス評価を割り引いたとしても、なお習国家主席の存在感は際立っている。

少なくとも、「一帯一路」といった世界的な経済圏構想をゼロから立ち上げて、曲がりなりにも形になる――世界経済に対する貢献が確認されているわけではないが――ところまでに引き上げていった手腕は、国際社会において習政権のリーダーシップが発揮された結果と考えられる。

習近平がもし、任期よりもさらに10年、国家主席（党中央総書記の職にあることが前提だが）にとどまることができれば、中国を「世界一の経済大国」とまではいかないものの、アメリカに比肩する高みまで導いた国家主席として、その評価を歴史に定着させることも可能かもしれない。

だが、結論から先にいえば、習近平が巷間言われるような「終身国家主席」となるような道を選ぶかといえば、それも考えにくい。

体力的な限界もさることながら、文化大革命を同時代で体験した主席として、晩年の毛沢東への評価が、建国の父としての毛の名誉をいかに傷つけたかもよく理解しているからだ。

もちろん自らの手で生み出したいくつかの政策が方向を転換することや修正が加えられてしまうことを許容するはずはない。

特に、安易な民主化の推進には強い抵抗を持っていると推測される。

習近平政権の特徴として、先述した「時代の逆行」がまず挙げられるのだが、これは徹底的な中央集権の流れと並行して、習が政治改革を遅らせるどころか、むしろ後退させたことが原因だ。

胡錦濤――温家宝時代には、少なからず進展した民主化を、一気に引き戻したことで習近平は批判を浴びたのだが、これは確信犯であった可能性が高い。

習近平が民主化に否定的であったのは、本来、指導力の確保と国内の規律に対する悪影響のためであった。

建国70周年を迎えるに際し、「初心を忘れず、使命を心に刻み」というスローガンが各所で大書されたが、これは習が繰り返してきた一種アナクロな革命精神の称揚であり、良き伝統の回帰であった。

中国共産党の指導部には、かつてのソ連崩壊は、腐敗の蔓延などで共産党が民心から離反したことが原因だ、とする考え方が根強くあるのだ。

習近平の危機感も、そこに根差していると見て間違いない。

2000年代の終わりに、中国は国内の豊富で安価な労働力を利用して外国から産業を誘致して発展するモデルの限界を迎えた。それと同時に国内は格差問題が火を噴き、党官僚たちの間に蔓延した汚職問題が民衆の強い批判の対象となった。一種の社会不安だ。

この状況を受けて温家宝総理は、「文化大革命が起きる」（2012年全国人民大会後の内外記者との会見）と語り、胡錦濤国家主席は「亡党亡国」の危機に言及（2012年秋の党大会）した。

天安門事件後で中国が最も不安定化した時代とも位置づけられた。

この危機を受けて誕生したのが習近平指導部であり、習はまず党員の規律を立て直すことから始めた。それが反腐敗キャンペーンである。

同時に国内経済において過剰生産、過剰投資という負の遺産とも向き合わざるを得なかったのである。

この過剰生産・過剰投資への処方箋は、当然のことリストラであり、国内に大きな不安と不満があふれることが予測されたのだが、風評が過剰に景気を冷やすことがないように情報管理に力を入れたのが、メディア統制のそもそもの動機であった。

実際、中国でバブル崩壊といった問題が発生したと考えたとき、その被害を西側社会より小さく抑えられる可能性は高い。まず、メディア統制により風評を抑制し、公的資金の投入も民意の同意という手続きを経ず、短期間に行えるため、より大きな効果が期待できるからだ。

危機に際して民主的手続きが「コスト」と考えられるゆえんだ。

これも中国の台頭という現実によって突き付けられている問題だといえるだろう。

建国70周年の直前、北京で行われた全国民族団結進歩表彰大会で演説した習近平は、その中で「中国は社会主義を現実に適合させることに成功した」という表現を使った。

この言葉の中には80年代の終わりに、西側先進国の民主主義に対し一敗地にまみれた社会主義の思想が、中国の手によって現実的でかつ優位性を持った思想であったと証明されたという高揚感が含まれているようにも感じられるのだ。

鄧小平の名言である「社会主義にも市場がある」により実質的に計画経済を放棄して発展してきた中国は、形ばかりの社会主義国と揶揄され、その看板を下ろすのも時間の問題と考えられてきた。

だが、2019年の中国を見る世界の目は、明らかに共産党指導（一部の政治エリートによる指導）による効率を評価し始めているのだ。

興味深いことは、共産党指導の優位をクローズアップされるきっかけは、中国のライバルであるアメリカによってつくられたと考えられることだ。

象徴的な出来事は、米中貿易戦争の入り口で、中国が掲げた経済政策「メイド・イン・チャイナ2025」をアメリカが執拗に攻撃したことである。そしてもう1つは中興通迅（ZTE）に続き華為科技（HUAWEI＝ファーウェイ）という先進企業をターゲットにしたことだ。

4　民主主義はコストなのか

ZTEへの米部品メーカーからの供給停止は、アメリカの技術的優位が奏功して中国経済の脆弱性を世界に知らしめた。しかし続くファーウェイへの攻勢ではトランプ政権は思ったような効果を得られなかった。

その理由は、ZTEとファーウェイの技術力の差であり、それは技術開発部門への投資の大きさだと考えられた。ファーウェイがアメリカから協力を得られなくなっても、その影響を最小限に抑えられたのは、巨額の研究開発費に支えられた技術力のためだが、それを可能にしたのはファーウェイが非上場で株主の配当を気にすることなく――つまり短期的な利益を度外視して――利益を再投資できたからだ。

任正非CEOの独断で大きなビジネスが決まってゆく、そのスピード感も同社の強みだった。

いずれの特徴も西側先進国にあるビジネスの公式には適合しない。上場はいまだ成功の象徴であるし、株主の声は拡大の傾向にある。

同じように政治の世界も、非効率の象徴であった計画経済の残滓である五ヵ年計画や経済目標を掲げて1つ1つ達成してゆく中国のやり方に、アメリカをはじめ世界各国が注目せざるを得なくなってきているのだ。

先述した「メイド・イン・チャイナ2025」へのアメリカの警戒は、まさにその典型例だ。

「メイド・イン・チャイナ2025」は中国の将来を見据え、徹底的に選択と集中を行い、10の分野を選んでエネルギーを重点的に投資することを示した経済政策だ。これまでの経験から、中国がそれを達成できることを見越し、アメリカは警戒したのである。

中国が備える優位性は、政治において選挙という手続きを排除――実際には選挙はあるのだが、内容が違う――できる効率にある。それは単純に選挙にかける時間とお金の無駄の排除という意味でもあるが、それ以上に重要なのは、国の発展にとって何が必要なのかを、有権者の人気取りという要素を省いて――もちろん中国でもそうした要素を完全に無視することはできないのだが――示してゆけるという点にある。

それは選挙では少しも注目されないような長期的で地味な政策にも、きちんと焦点が当てられるという意味だ。

中国が国を挙げて取り組むデジタル社会の進展も同じである。ドローンによる無人輸送も自動運転も、住民の反対を考慮せずに推進してゆくことができるのだ。

ビッグデータが大きな価値を持つ時代にも国民の情報管理を比較的容易に、そして戦略的に使用できるといった強みもある。

こうして中国の強みを並べてゆくと、共産党という一部の政治エリートたちが率いることのアドバンテージばかりが目立ってしまうのである。

だが、この体制にはそもそも大きな弱点がある。

それは一部の政治エリートが民意を無視して決断できるという効率のメリットがある反面、エリートたちの判断が誤った場合には修正が容易ではないという問題だ。またエリートたちが自らの階層のためだけに政治を私物化して利益を誘導し始めれば、それを止める装置はないという問題もある。

後者の問題は、党の規律違反を厳しく取り締まる監視体制の強化や貧しい農村での経験を重視するエリート教育が対応しているとも考えられるが、前者の問題は人材の育成がカギとなる。

その意味では習近平は、そろそろ後継者を選ぶプロセスに本格的に取り組まざるを得ないだろう。習近平の名声も、共産党という基盤があってこそのものだからだ。

その意味でも習近平の２０２０年は、アメリカとの対立の中で強調された社会主義の優位性を、次世代にも続いて証明してくれる後継者を選び育ててゆくプロセスに入る一年になるのではないだろうか。

第4章　中東—「空白」を埋める勝負はついたのか

野村明史

２００９年1月、オバマが米大統領に就任した時、中東諸国には淡い期待が漂っていた。オバマ大統領の父親がイスラーム教徒だったからである。子ブッシュ大統領時代はテロとの戦いを掲げ、中東諸国は国内に増える過激派の対処と国際社会からの監視と圧力を余儀なくされた。同年6月4日、オバマ大統領はエジプトのカイロ大学で演説を行い、まるでイスラーム社会に寄り添うかのような語りかけは、中東諸国の期待をさらに膨らませた。

しかし２０１３年、オバマ大統領はアメリカの国力低下を見越して世界の警察をやめると宣言し、中東への関与を低下させた。「アラブの春」の影響で、親米中東諸国が危機に陥った時もアメリカはまったく動かなかった。さらに同年11月には、イランとの核合意（ＪＣＰＯＡ）交渉を始め、２０１５年7月14日、核合意交渉は最終合意に達した。多くの中東諸国は裏切られたと感じた。

中東諸国はその怒りと不安を次のトランプ大統領に託した。トランプ大統領はイランとの核合意を破棄、オバマ大統領との違いを強調した。しかし、アメリカファーストの姿勢はオバマ大統領と変わらず、アメリカでのシェールオイル開発と中国の台頭により中東への関与をより一層低下させた。

2019年9月10日、対イラン強硬派であったボルトン大統領補佐官が解任され、アメリカの中東での積極的なプレゼンスは後退した。9月14日、サウジのアブカイクとフライスでイランが関与したとみられる石油施設の攻撃が行われたが、アメリカは動かなかった。トランプ大統領の軍事行動に消極的な姿勢を見切った各国は、中東での「力の空白」の奪い合いをより一層強めている。

1 イラン

2019年5月5日、ボルトン大統領補佐官（当時）は、イランが米軍を攻撃する計画があるとして、エイブラハム・リンカーン率いる空母打撃群と爆撃機をペルシャ湾に配備すると発表した。その後、5月12日、オマーン湾に面したフジャイラ沿岸で4隻の商業船が何者かに攻撃を受け、約1カ月後の6月13日には、2隻のタンカーが攻撃を受けた。アメリカ国防省は犯行時の映像を公開して、これらの攻撃がイランの犯行であると非難した。これを受けて、UAEはイランへの過度な刺激を避けるため、イランが支援を行っているイエメンのフーシー派への軍事展開を一歩後退させた。

さらに、9月14日、サウジ東海岸のアブカイクとフライスにある石油施設が複数のドローンと巡航ミサイルによる攻撃を受け、サウジの日量の半分に当たる約570万バレルの石油生産が停止した。この攻撃では、イエメンのフーシー派が犯行声明を出し、イランも関与したと見られている。2020年に大統領選を控え、軍事行動に弱腰なアメリカの足元を見て、イランは親米中東諸国へ脅威を与えて揺さぶりをかけ、対イラン包囲網の切り崩しを行っているのだろう。

一方、経済面では、2018年5月、アメリカは一方的に核合意から離脱し、イランへの経済制裁を再開。イラン経済は再び大打撃を受けた。イランは、2019年5月7日、アメリカを除いた核合意国のイギリス、フランス、ドイツ、ロシア、中国に60日を期限としたアメリカへの経済制裁解除の働きかけを要求した。しかし、アメリカの経済制裁は解除されなかったため、イランはウラン濃縮を再開した。イランは、ウラン濃縮度を核合意で定められた最低ラインの3・67%を超える5%にまで引き上げたが、核兵器を製造できる濃縮度ではなかったため、核合意の維持を求めるためにヨーロッパに対して圧力をかけたのであろう。イランはアメリカと一切妥協しない姿勢を貫きながら、経済制裁の影響を受けない形でのヨーロッパとの経済活動を行うことを模索している。しかし、現実的には経済制裁の影響を回避することは難しく、アメリカとの我慢比べをしながらトランプ後の政権に望みをかけている。

2　サウジとＵＡＥの国内情勢

２０１５年以降の石油価格の低下は、サウジの経済に大きな打撃を与えた。サウジの改革を託された若きリーダー・ムハンマド・ビン・サルマーン（ＭｂＳ）皇太子は、石油依存経済を立て直すためサウジ経済の中核である石油行政にメスを入れ、権力の集中化を図った。そして、脱石油政策として外貨をさらに獲得するため国営石油会社サウジアラムコの株式上場を進め、まずは国内での上場を決定した。

そして、経済改革の一環としてそれを受け入れる社会改革も同時に開始した。サウジは建国以来、厳格で保守的なワッハーブ派の教義を取り入れて、各部族をまとめ国家の礎を築いてきた。しかし、時代の流れとともに部族意識が薄れ、石油の発見によって人々の関心が経済へ移ると、保守的なワッハーブ派の教義は国家の発展の阻害となり、国策としての優先順位は大きく低下した。２０１８年4月18日には、首都リヤドで約35年ぶりに映画館がオープンし、6月24日にはサウジで女性の運転が解禁された。ＭｂＳ皇太子は、保守派の意向を退けて社会の開放政策を推し進めている。

アラブ首長国連邦（ＵＡＥ）では石油の枯渇を見越して１９８０年代から経済の多角化を進め、外国人に寛容で開放的な政策を推進してきた。例えば、２０１９年2月4日には、ローマ・カトリック教会のフランシスコ教皇がＵＡＥを訪問し、イスラーム学者たちとの宗教間会議が開かれた。首都アブダビでは大規模なミサが開催され、数千人のイスラーム教徒を含む約18万人が集まった。UAEには、外国人労働者などのキリスト教徒が約120万人滞在している。

2016年2月10日、UAE政府は内閣改造を行い、新たに寛容省と幸福省、若者担当省を設置した。2011年に起こった「アラブの春」で、社会に不満を持つ若者がドミノ倒しに政権に反抗する姿は多くの独裁国家指導者にとって脅威であった。その結果、エジプトでは革命が成功し、次の大統領に選ばれたのが、政治的イスラーム主義を掲げるムスリム同胞団のムルシーであった。独裁政権に疲れた民衆が求めたのはイスラーム教に基づく統治への期待であった。このように、イスラーム教には、統治者にとって脅威となる大きな原動力を生む力がある。特に、ムスリム同胞団に代表される政治的イスラーム主義は、非常に理想主義的で現行の政治がイスラーム教の教義に即しているか監視するため、統治者にとっては非常に厄介な存在である。

さらに、2014年6月29日、「イラク・レバントのイスラム国（ISIL）」の指導者バグダーディーは、すべてのイスラーム教徒の指導者であるカリフを自称し、イスラーム法に基づいた「イスラム国（IS）」の成立を宣言して、サウジや他のイスラーム諸国の統治を否定した。ISは現実には烏合の衆による過激なテロ集団であったが、建国宣言当初は血気盛んな若者を中心に魅了し、中東だけでなく世界中から多くのイスラーム教徒を呼び寄せた。

こうした政治的イスラーム主義とイスラーム教過激思想の流布は中東諸国にとって社会を不安定化させる懸念事項であった。サウジの社会開放政策やUAEの他宗教への寛容な対応と若者担当省などの新しい省の設置は、国家の活力となる若者に希望を与え、政治的イスラーム主義やイスラーム教の過激思想を排除して国家に対する反乱分子を抑制した。このように、サウジとUAEの両国を中心に、部族や宗教に依拠しない次世代の若者の支持を集めるカリスマ的正当性に基づいた権威主義の確立が進められている。

3　サウジとUAEの対外政策

こうした中、サウジとUAEの対外政策にも大きな変化が起きている。子ブッシュ政権以来、アメリカの中東政策は一貫性を欠き、中東諸国のアメリカへの不信感は非常に根深くなっている。さらに、2018年10月のカショギ事件で、欧米諸国が一斉にサウジと距離を置き、国際的孤立を深めるとサウジの関心は中国へと向かった。

2019年2月22日、サウジのMbS皇太子は中国を訪問し、習近平国家主席と会談した。サウジは、中国と280億ドル規模の35の協定を締結した。そして、国営石油会社のサウジアラムコと中国企業2社で中国最大の合弁会社となる石油化学コンビナートを中国の遼寧省に建設することを発表した。

一方、2019年7月22日、UAEアブダビ首長国のムハンマド・ビン・ザーイド

（ＭｂＺ）皇太子は、中国を訪問し、防衛および軍事協定に関する調印から食料の安全、農業システム、平和利用における原子力協定など16の覚書に調印した。今やＵＡＥは、中東最大の中国人コミュニティとなり、２０１８年には１５０万人以上の中国人観光客が訪れている。

２０１９年1月、ワシントンポストはサウジが中国と協力してリヤドから南に数百㎞離れた村にミサイル工場を建設していると伝えた。また、ＡＦＰなどは、２０１７年10月5日、サルマーン国王がロシアを訪問した際、Ｓ４００の購入の仮契約書に署名したと伝えている。サウジは、長期的に安全保障の面でも不信感の強いアメリカ一国依存からの脱却を進めていこうとしているのであろう。

4 イエメン情勢

２０１５年に始まったイエメン内戦は、未だ終結の兆しが見えないままである。イランは中東における覇権を確立するため、イラク、シリア、レバノンへと進出し、イエメンのフーシー派を積極的に支援して、サウジを囲むように影響力を拡大している。２０１５年3月26日、サウジとＵＡＥを中心とする有志連合軍は、イランが支援するフーシー派に空爆を開始したが、未だにフーシー派の勢いは衰える気配はない。さらに、サウジはイランの覇権拡大と「革命の輸出」による政治的イスラーム主義の拡大を警戒して、２０１６年1月3日、イランと国交を断交。両国は、「代理戦争」という形を維持しながら対立を激化させている。

最近では、2019年8月、フーシー派がイエメンとサウジアラビアの国境付近でサウジ有志連合軍が支援するイエメン暫定政府軍を攻撃した。その際、イエメン暫定政府軍側兵士ら約200人余りが死亡、サウジ軍を多く含む1、000人以上を捕虜にしたことを2019年9月29日フーシー派とイエメン暫定政府筋が明らかにした。

一方、2019年8月10日、南部暫定評議会（STC）は南部アデンで、ハーディー暫定大統領派の大統領宮殿などを占拠し、市街地全域を掌握した。STCとは、2017年、アデン県知事であったエイドルーズ・アル＝ズバイディーが結成し、イエメン暫定政府から南部の分離独立を主張する組織である。ハーディー暫定大統領派はSTCによる占拠をクーデターとして、その背後にはUAEがいると非難した。イエメン情勢をめぐってUAEは、サウジとの協調姿勢を示しながらも、アフリカへと通ずるイエメン南部のアデン港の確保のためSTCを支援しているとみられている。翌々日の12日、イスラーム教の一大行事である大巡礼中にもかかわらず、サルマーン国王とMbS皇太子は、MbZ皇太子と異例の会談を行った。この会談では、STCをめぐる両国の調整が行われたと考えられ、イエメンと国境を接するサウジとそうでないUAEの国益が必ずしも一致していないことが明るみになった。イエメンをめぐっては、両国の関係に大きな歪みをもたらす可能性があり、今後も両国の動向を注視する必要があるだろう。

5　イスラエルとアラブ諸国

オバマ政権時に見捨てられる恐怖を体験した中東諸国は、トランプ政権になるとアメリカとの関係強化を図るため必死に接近した。２０１７年5月、トランプ大統領は大統領就任後初となる外遊でサウジを訪問し、サウジはアメリカから1、１００億ドルの防衛用武器の購入と軍事サービスを受領する約束を交わした。また、トランプ政権がこれまでにない親イスラエルと見切ると、アラブ諸国はトランプ政権との関係を確固とするためイスラエルに歩み寄るかのような動きも見られた。

２０１８年10月26日、イスラエルのネタニヤフ首相はオマーンを公式訪問し、同国のカーブース国王と会談した。10月28日にＵＡＥの首都アブダビで開催された柔道の国際大会「グランドスラム」では、イスラエルの選手が出場して優勝した。同大会には、イスラエルのミリー・レゲブ文化・スポーツ大臣が出席し、イスラエルの国旗掲揚と国歌が演奏された。大会後、ミリー大臣はＵＡＥの柔道連盟幹部と共にシェイフ・ザーイド・グランド・モスクを観光で訪れ、ヘブライ語で来訪者記入帳に自らの名前を記した。今までの中東和平問題と国民感情を考えれば信じられない光景ではあるが、対イラン脅威で利害関係を同じにするイスラエルとアラブ諸国関係は、アメリカの後押しもあり、ゆっくりではあるが変化が起きている。

6　カタールと湾岸諸国（GCC）

２０１7年6月5日、サウジ、ＵＡＥ、エジプトなどは、カタールとの断交を発表した。カタールとの断交の理由は、サウジと敵対するイランへの過度の接近と２０１４年にサウジが「テロ組織」に指定したムスリム同胞団への支援継続を止めなかったことが挙げられた。カタールは、サウジとイランの域内大国に挟まれた小国の生き残りをかけて90年代から独自路線を歩み始めた。例えば、衛星テレビ局アルジャジーラを設立して、ウサーマ・ビン・ラーディンなど過激派への独自取材や「アラブの春」では報道を通じて他国への積極的な介入を行い、多くの中東諸国から怒りを買った。カタールは、サウジなどが下した断交の決定に遺憾の意を示し、断交の理由として指摘された内容は事実無根であると否定した。

サウジ主導のカタールとの断交は、経済封鎖によりカタールを国際社会から孤立させ、最終的にはサウジの意向に屈服させることが狙いであった。しかし、断交から2年半以上経過した現在でもカタールが降伏する気配はない。その理由は次のとおりである。

カタールのアル・ウデイド空軍基地には、約1万人の米軍が駐留し、フロリダに司令部を置く米中央軍の前線基地として使用されている。また、この空軍基地は２００３年のイラク戦争やＩＳ掃討の時には前線司令部として使われ、今でも米軍の重要な軍事拠点となっている。次に、カタールは世界有数の天然ガス埋蔵量を背景にエネルギー補給国としての地位を築きあげ、安定的な国家収入を確保している。最後に、カタールはサウジからの陸路を利用して食料輸入していたため、断交後、真っ先に食料の供給が懸念された。しかし、トルコとイランがカタールへの食料支援を表明し、インドからの食料輸入も開始された。こうして、カタールはサウジからの経済封鎖を回避して、現在まで強気な姿勢を続けているのである。

カタール断交は、湾岸諸国間の亀裂を決定的にした。現在の湾岸諸国は、対イラン強硬派のサウジ、UAE、バーレーンの3カ国とイランとの融和を重視して独自路線を歩むカタール、これらの国と一定の距離を保ちバランスを重視するクウェートとオマーンの3つのグループに分かれた。今や湾岸諸国会議（GCC）の機能は形骸化してしまい、今後もこの状況がしばらく続くものと考えられる。

7 シリア内戦

2011年に、「アラブの春」に端を発して始まったシリア内戦も、ロシア、イラン、トルコを主要なプレイヤーとしたまま未だ膠着状態が続いている。ロシアとイランは、バッシャール・アサド大統領を支持し、トルコはアサド大統領の退陣を求めて反体制派の武装勢力を支持していた。しかし、アサド大統領の地位が安定すると、トルコの関心はシリア北部からのシリア難民の大量流入阻止とクルド勢力の対策に移った。

2019年10月6日、トランプ大統領はトルコのエルドアン大統領と電話会談を行い、翌

7日、シリア北部の駐留米軍の撤収を決定した。トルコはすぐさまシリア難民の流入阻止とトルコがテロ組織とみなしているクルド勢力を抑えるためシリア北部で軍事行動を開始した。10月9日、エルドアン大統領は、ロシアのプーチン大統領とも電話会談を行った。ロシアはトルコの軍事作戦に明確な反対を示さなかったため、トルコの行動を黙認したのであろう。

トルコはNATOの一員であるにもかかわらずロシアのS400を導入して、ロシアに接近している。地中海と黒海を結ぶトルコのロシアへの接近は、欧米諸国にとっては大きな脅威である。トルコは、ロシアへの接近を欧米諸国にちらつかせ、さらにアメリカが軍事行動に消極的なことも見透かして、強硬姿勢をとり続けている。

アメリカは、シリア国内のIS掃討のためクルド勢力と手を組んでいただけであり、彼らの保護や独立を支援していたわけではない。トランプ大統領は、2020年の大統領選を控え、国内からの支持の強いシリア撤退を早急に進めたい構えだ。その結果、クルド勢力は、ロシアやアサド政権側に助けを求めた。今後は、イランやトルコ、クルドとの仲介が可能なロシアがシリアでの采配を優位に進めていくだろう。

2020年の中東は、穏健で開放的なイスラーム国家の確立とアメリカ依存からの脱却がゆっくりと進められる一方、アメリカの関与の低下に伴って、目まぐるしいスピードで「力の空白」を巡る各国の熾烈な椅子取りゲームが続くだろう。しかし、イスラエルの情勢悪化や次期大統領選と弾劾裁判でトランプ大統領にとって不利な状況が起これば、支持率上昇などを狙って中東に再びその矛先を向け、中東諸国が大いに振り回される事態が起こりうることも忘れてはならない。

第5章 ロシア──「神通力」を失うプーチンの次なる一手

小泉 悠

1 薄れるプーチンの神通力

プーチン大統領はかつて、ドイツのコール首相が「長くやりすぎた」と述べたことがある。大統領就任を前に出版されたインタビュー録『プーチン、自らを語る』（原題は『第一人者より』）に収録されたものだ。正確な発言は次のようなものである。

「16年も政権が続けば、どんな人間も──いかに安定が好きなドイツ人でさえも──その指導者には飽きるものだ。それがたとえコールのような強力な指導者でさえ。彼らはそのことに気がつくべきだった」

この発言は、しかし、今になってブーメランのようにプーチン大統領を苦しめている。1999年に大統領代行に就任し、2000年に正式に大統領となったプーチンは、2019年を以って実に20年もの間、権力の座に就いていたことになるためだ。首相に退いていた2008年から2012年の4年間を除くとしても、計16年。自らが「長すぎた」と述べたコール首相の在任期間と並んだことになる。コールが駄目ならプーチンはどうなのだ、というツッコミを受けるのは当然であろう。

実際、昨今のロシアではプーチン大統領の「神通力」が徐々に薄れ、国民の不満が強まりつつある。世論調査における支持率は依然として6割強を維持しているものの、後述する各種の問題に解決の見通しがつかなければ、2020年はプーチン大統領にとって厳しい内政運営を迫られる年になろう。

2 「戒厳司令官」としてのプーチン

では、ロシア国民が抱く不満とは何か。この点を述べる前に、まずはロシア国民がプーチン大統領の何を支持してきたのかを確認しておく必要があろう。

1990年代の急速な市場経済化や政治の混乱はロシア社会を麻痺状態に陥れ、生活の困窮化や汚職の蔓延、ロシアの国際的な地位の低下といった問題を引き起こした。こうした中で登場してきたプーチン大統領は、国家保安委員会（KGB）の将校出身という前歴ともあいまって、「秩序を回復してくれるリーダー」という印象を国民に与えた。前任者のエリツィンと違って酒もタバコもやらず、柔道、水泳、ホッケーなどに勤しむストイックなキャラクターも、混乱の1990年代に飽き飽きしていたロシア国民には大いにウケた。

実際、プーチン政権下では折からの原油高ともあいまって経済は回復し、社会は次第に安定を取り戻していった。ソ連崩壊に続いてロシア連邦を分裂の危機に陥れていたチェチェン戦争にケリをつけたのもプーチン大統領である。

２００９年にロシア政府が公表した安全保障政策の指針文書、「２０２０年までのロシア連邦国家安全保障戦略」が「ロシアはソ連崩壊後の構造的な危機を脱した」と宣言したことで知られるが、日本に当てはめれば「もはや戦後ではない」に相当するものと言えよう。

米ブルッキングス研究所のロシア専門家で、一時期トランプ政権の国家安全保障会議で上級部長も務めたフィオナ・ヒルは、「プーチン政権は１９９０年代の中から生まれてきた」と述べている。つまり、プーチン大統領や彼の政権は混乱と汚辱にまみれた１９９０年代のアンチ・テーゼなのであり、ロシア国民はプーチン政権がもたらす安定や国際的威信の回復に期待を寄せてきたということだ。

あるいは、このようにも言えるかもしれない。プーチン大統領は自らの使命を、戒厳令下の街を任された戒厳司令官のようなものととらえているのではないか。ソ連崩壊という非常事態に際し、多少強引な方法を使ってでもロシア社会の秩序を維持し、国益を守る「有事のリーダー」という意識を強く持っているのではないか…

だが、ロシアが非常事態をすでに脱したのだとすれば、プーチン大統領は戒厳司令官としての役割をすでに終えたことになる。人はいつまでも戒厳令の下で生きていくことはできない。非常事態が終われば戒厳令は速やかに解除され、日常生活を回復するための歩みへと切り替えるべきだ。

だが、その切り替えがどうもうまくいっていないのではないか、という印象を２０１０年代のプーチン政権は強く与えるのである。

3 見えない停滞脱却の道筋

その大きな要因の1つは、経済の停滞であろう。前述した「2020年までのロシア連邦国家安全保障戦略」は、原油バブルの波に乗って続いたロシアの高度成長（2000－08年にかけて平均7％で推移）が今後も続くという見通しの下、「2020年にはGDPで世界トップ5入りをする」という強気の目標を掲げた。2013年には実質購買力平価で換算したロシアのGDPは世界第6位というところまで迫ったから、まったくの絵空事というわけではない。

しかし、その後の展開は周知の通りである。新興国によるエネルギー需要の減速や米国によるシェール革命等によって原油価格は低空飛行を続け、エネルギー資源に依存するロシアの経済も停滞に陥った。特に2015－16年にはロシア経済が1990年代以来初めてマイナス成長となり、2015年に公表された新たな「ロシア連邦国家安全保障戦略」（現時点における最新バージョン）では経済成長の目標が「世界上位」という曖昧な表現に変更された。2017年以降はプラス成長へと復帰したとはいえ、ロシア経済の見通しにはあまり明るい要素は見られない。世界通貨基金（IMF）や世界銀行の予測では2020年以降の世界経済の成長ペースが3％前後とされているのに対し、ロシアのそれは1％台と、ロシアの埋没はさらに進みそうだ。

ちなみに2019年8月にロシア経済発展省が公表した予測によると、2020年のロシア産原油の国際価格は1バレル当たり57ドルと、2019年よりも5ドル以上低下すると見積もられており、今後も暫時低下していくとされている。2010年代半ばまではロシア産原油が1バレル当たり100ドル以上で売れていたことを考えれば、大幅な下落である。プーチン大統領は2019年8月、閣僚や中央銀行総裁を前に「経済成長が不十分だ」と檄を飛ばしたが、上記の状況を踏まえるならば見通しは明るいとは言えない。

4　募る国民の不満

経済と財政の悪化は、ロシア国民の不満に直結する。ロシアの実質可処分所得は減少傾向が続き、2018年には微増に転じたものの2019年には再び減少局面に入った。プーチン政権を支えてきた「安定」への信頼が、生活レベルで崩れつつある。

この意味では、2018年に断行された年金支給開始年齢の引き上げも大きなインパクトを持っていた。従来、ロシアの老齢年金支給開始年齢は男性60歳、女性55歳とされてきたが、国民の寿命が2000年代から順調に伸びていることで年金支給額も膨らんでいた。このような状況に対し、プーチン政権の経済ブレーンたちは連邦予算で第1位と第2位の支出項目となった社会保障費と国防費の削減を訴えてきた。そこでプーチン政権が提起したのが、年金支給開始年齢を男性65歳、女性63歳とする大改革案であったわけだが、これが国民の強い反発を招いた。特に支給年齢を一挙に8歳も引き上げられた女性層の反発は凄まじく、結果的に女性の支給開始年齢を60歳とせざるを得なくなった。この他にも、生活環境をめぐる政権と国民の軋轢は枚挙にいとまがない。

もう1つの対立軸は、政治的自由である。「戒厳司令官」であるプーチン大統領への国民の支持は、時に「自由と繁栄の交換」あるいは「プーチンの社会契約」などと呼ばれてきた。つまり、国民は自らの生活を向上させることと引き換えにプーチン政権の強権を容認してきた。メディア統制や反体制的なジャーナリストの弾圧、地方の首長選挙に対する直接選挙の廃止（のちに選挙が復活したが、大統領による候補者の選別制が導入された）、地方・国政選挙における与党優遇（あるいはあからさまな票の操作）などである。

経済状況が好調であり、目に見えて国民の生活が改善されていった時代には、こうした「社会契約」に不満を唱えるのは一部の都市リベラル層に過ぎなかった。だが、これまで繰り返してきた経済状況の悪化は「社会契約」の大前提を突き崩しつつあり、反体制派ジャーナリストの拘束に対する抗議行動など、政権運営手法に対する反発が目に見えて広がるようになっている。

では、プーチン大統領は「戒厳令」を解除できるのだろうか。結論から言えば、プーチン政権が続く限りは困難であろう。仮にプーチン大統領個人が強権体制の緩和を志向しても、同人を支える政府高官や情報機関などが自らの特権的な地位を維持するために強硬に反対することは目に見えている。このことはまた、２０２４年に迫ったプーチン大統領の任期切れに際してもリベラルな政権への移行が困難であることをも予想させる。

5　ウクライナ危機の行方

このような観点から、対外関係にも目を向けてみよう。

２０１４年のウクライナ危機により、ロシアは西側諸国との深刻な対立を抱え込むことになった。経済面で見ると、米国と欧州が発動した対露制裁はロシアのエネルギー部門に対する投資や技術供与を厳しく制限しており、２０１７年に米国で成立した「制裁を通じて米国の敵対者に対抗する法律（ＣＡＡＴＳＡ）」ではこの制限がさらに拡大された。特にロシアにとって打撃なのは、ロシア企業が33％以上の利権を有するプロジェクトが新たに制裁対象となったことで、これによってロシア企業は自国の領域外でも大規模な資源プロジェクトに参画することが難しくなっている。また、ＣＡＡＴＳＡはロシアから武器を購入する国にも制裁を科すとしており、２０１８年にはこれに基づいて中国が制裁対象となった。エネルギーと武器という、ロシアの二大外貨獲得源を封じ込める戦略と言えよう。

軍事面でも影響は深刻だ。ロシアは世界第2位の戦略核戦力と、これを含めた１００万人の軍隊を擁する軍事大国ではある。しかし、長引くウクライナ危機や、これに伴って高まる欧州諸国との軍事的緊張は大きな負担となっており、国防費の膨張をもたらしてきた。

いずれにしても、ウクライナ危機にそろそろケリをつけない限り、2020年代のロシアがジリ貧に陥ることはすでに目に見えている。この意味では、2019年10月にロシア、ウクライナ、親露派武装勢力が今後の和平実現に向けた合意に達したことは注目に値しよう。提唱者であるドイツ外相の名を取って「シュタインマイヤー方式」と呼ばれるこの和平案は、親露派武装勢力が占拠するウクライナ東部に一定の自治権を認めるというもの。実現すれば足かけ7年にわたる紛争の落とし所となる可能性もあるが、ウクライナ国内ではこれを「降伏」であるとして反発も広がっており、依然として予断を許さない。

6 「大国間競争」の時代へ？

また、仮にウクライナ紛争が一定の解決を見るとしても、ロシアに隣接する東欧や北欧諸国の対露不信は容易に収束しないだろう。冷戦期のように深刻な軍事的対立の再燃には至らないにしても、ロシアは当面の間、欧州の仮想敵であり続ける可能性が高い。

これに関連して興味深いのは、米国が中露を「戦略的競合相手」ととらえるようになりつつあることだ。中露が米国中心の秩序に対抗しようとしているという認識の下、両国を封じ込めるという方針はトランプ政権下で顕著になったが、これは2010年代から米国の安全保障コミュニティが抱いてきた不満の反映であって、2020年に予定されている米国大統領選の結果にかかわらず大きくは変化しないだろう。

それでもトランプ大統領が米国の中心に座っていることはロシアにとって不都合な話ではない。政策担当者たちの思惑がどうあれ、米国中心秩序の維持に関心がないトランプ大統領の姿勢は依然として一定の価値を持っている。利権次第でいかようにも取引に応じるという政治姿勢は、ロシアが長年付き合ってきた旧ソ連の独裁者たちと重なるものであり、理念を前面に押し出すオバマ型の米政権よりははるかに付き合いやすい。2020年の大統領選に向けて、ロシアが再び米国世論への介入を試みる可能性もあるだろう。

また、「大国間競争」はロシアを中国へと急接近させている。従来、ロシアの対中姿勢は「協力はする。しかし安全保障では深入りしない」というものであった。特に台湾、尖閣、南シナ海といった問題では余計な対米摩擦を抱え込むことになる可能性が大であるため、ロシアは慎重に距離を取ってきた。

ところがウクライナ危機で西側との関係が悪化すると、ここに微妙な変化が生じる。ロシアはそれまで躊躇してきた南シナ海や東シナ海での中ロ合同軍事演習に踏み込むようになり、中国もこれに対する返礼としてクリミア半島がある黒海に艦隊を派遣している。さらに2018年にはロシア軍東部軍管区大演習「ヴォストーク2018」に中国人民解放軍が参加したが、この演習はもともと対中国戦争を想定したものであったから、敵味方が180度逆転したことを意味していた（ただし演習内容には依然として対中国戦争を想定したと思しき訓練が含まれており、ここでいう「逆転」はあくまでも政治的なものである）。2019年には中露の爆撃機による合同空中パトロールが実施されたほか、軍事協力協定が締結され、さらに核攻撃を探知するための早期警戒システムの開発で中露が協力しているとプーチン大統領が発言するなど、軍事協力は大方の予想をはるかに超えるレベルにまで進展している。

したがって、このような流れが2020年にどこまで進むのかは、世界的なパワーバランスを考える上でも、我が国の安全保障戦略にとっても大きなインパクトを持つことになろう。中露は同盟を結ぶ可能性を繰り返し否定しているものの、看板がどうあれ、その内実がどうなるかは俄然、流動的になってきた。

7　核軍備管理の終わり？

安全保障面では、核軍備管理の行方も注目される。米露は2019年8月、射程500－5，500㎞の地上発射型ミサイルの配備を禁じた中距離核戦力（ＩＮＦ）条約を失効させ、このクラスのミサイルに関する制限が冷戦後初めて撤廃された。2021年2月には射程5，500㎞以上の戦略核兵器の配備を規制する新ＳＴＡＲＴ条約の期限切れも迫っているが、これについても後継条約の見通しがついていない。2020年中に米露間で合意がまとまらなければ、世界の二大核大国である米露の核戦力が完全に無制限状態となる懸念が高まってきた。

ロシアの経済力を考えれば、米露が再び冷戦期のような核軍拡競争を始める蓋然性はそう高くない。プーチン大統領も「ロシアが軍拡競争に巻き込まれることはない」と繰り返し強調している。一方、従来の核軍備管理条約は米露の軍事バランスが崩れたり、先制攻撃の誘因が生まれないよう注意深く設計されたものであった。こうした制限が撤廃されれば、我が国を含めた各国の抑止戦略が再考を迫られることはたしかであろう。

また、米国は中国を核軍備管理に巻き込む意向であるとも伝えられる。この意味では、冷戦期の核軍備管理枠組みが失効することは新たな枠組みづくりの好機とも言えなくはないが、その道筋はまったく見えていない。新ＳＴＡＲＴ失効を前に、米中露の3カ国による核軍備管理が2020年の重要トピックになっていくことが予想される。

8　日露関係の見通し

最後に日露関係についても言及しておくと、こちらもあまり明るい要素は見当たらない。日本の安倍政権は大規模な経済協力をテコに北方領土問題の打開を図ろうとしてきたものの、ロシア側の態度はあくまでも強硬である。

それどころかプーチン大統領や政府高官は、「日米安保条約が存在する限り平和条約は締結できない」といった発言を繰り返すようになっており、領土問題を日米離間の好機ととらえているフシもある。対露包囲網をなんとか破りたいロシアにしてみれば、西ではトルコが、東では日本が「最も弱いリング」に見えているのだろう。日韓の関係悪化も、アジア正面における米国陣営の動揺を誘うという意味ではロシアにとって好機である。

しかも、対露外交に熱心だった安倍政権の任期は２０２１年に迫っている。このようにしてみれば、２０２０年中もロシアは領土問題を大きく前進させるつもりはなさそうだ。言うなれば領土問題はロシアにとって便利な対日政策上のツールなのであって、日本が大きな期待をかける余地は現状では乏しいと言えよう。そのような厳しい現状認識に立って対露戦略を練り直すことが、２０２０年における日本の課題であると言えるのではないだろうか。

第6章　ヨーロッパ—液状化する秩序

細田尚志

「欧州」と一言で言っても、そのアクターは、さまざまである。キッシンジャーは「欧州の代表と話し合いたいときには誰に電話すれば良いのだ？」と尋ねたが、これほど、欧州の顔が見えにくいことを示している言葉はない。ここでは、欧州の対外政策をリードしている仏・独と、欧州連合（ＥＵ）の動向を中心に、①ＥＵの行方、②地政学的リスク、③欧州の対中政策に関して、情勢の背景にあるさまざまな要因や政治家の姿勢が、２０２０年も連続するかどうかという切り口で見ていくことにしよう。

1　仏・独・スペイン「ニュー・ビッグスリー」体制の誕生？

英国のＥＵ離脱国民投票や、極右政党の躍進、２０１９年欧州議会選挙などに見られるように、最近の欧州政治においても、各国内でポピュリズムと称される現象が増加している。特に、トランプ米大統領の「アメリカ・ファースト」というミーム（はやりを生み出す情報遺伝子）が欧州に与えた影響は大きい。

欧州議会選挙では、欧州統合を推進してきた伝統的な中道右派や中道左派が議席を減らし、欧州委員会やEU官僚機構が自国主権を侵害していると批判する「自国益＞EU益」的な欧州懐疑派政党が支持を増やした。その結果、新しい欧州委員会の運営は、この中で難しい舵取りが要求されている。

新しい欧州委員会の委員長は、フォン・デア・ライエン独前国防相が務める（任期：2019年11月～2024年10月末）。欧州議会において僅差で選出された彼女は、初の女性委員長であり、ドイツ人の委員長選出は、約半世紀ぶりとなる。また、欧州中央銀行総裁には、フランスの元経済・財務相で2011年から国際通貨基金（IMF）専務理事を務めたラガルド氏が選出された。さらに、欧州理事会常任議長（EU大統領）には、ベルギーのミシェル首相、外交安全保障上級代表（EU外相）にはスペインのボレル外相がそれぞれ内定した。

この人選は、仏・独が、二国間協力の内容を定めたアーヘン条約（2019年1月）で確認した通り、欧州統合の理念や政治的価値を軸にしたEUの枠組みを維持・推進していく決意を表している。その仏・独タンデムは、スペインをEU拡大・深化アジェンダを推進するための新たなパートナーに位置づけたわけだ。ただし、その仏・独とて、完全に意見や戦略が一致しているわけではない。

人道主義や労働力確保といったさまざまな思惑から、大量の難民を受け入れた結果、その管理不足による混乱やテロ事件をまねいたメルケル独首相（2021年に任期終了）の影響力には、陰りが見え、後継者とされるカレンバウアーCDU党首・連邦国防相の力量も未知数である。このため、さまざまな局面で、メルケルの発言力低下とマクロンの影響力拡大が見られている。

例えば、事前の評判では四番手であった旧知のフォン・デア・ライエンを強力に押して欧州委員長に就任させたのはマクロンであり、その代わりに、欧州中銀総裁ポストにフランス人のラガルドを就任させた。自身の就任演説で、「世界と欧州は、自身の運命に気付いた強いフランスを必要としている」と語ったマクロンは、フランスが国際的に重要な役割を積極的に果たすことが国民の支持につながると考えている。

これは、「偉大さを伴わないフランスは、フランスではない」とし、外国への依存も従属も否定したドゴールによる「偉大さ（*grandeur*）」を取り戻す試みに似ているが、マクロンのそれは、トランプとの良好な関係と、仏・独タンデムを活用するという特徴があり、完全な独自路線の追求というわけではない（もっとも、マクロンは口だけとの評も聞かれるが…）。

一方、過去の「偉大な」栄光に回帰する言説を利用することができる英・仏と比較して、ドイツは、「第三帝国」の栄光に回帰することは不可能だ。そのため、戦後ドイツは、理想主義的な政策を主張し、注意深く控えめに行動してきた（今後もそうだろう）。だが、ドイツ経済の影響力は、圧倒的であり、ドイツ財界の意向も、EUの方向性を決める上で重要な役割を果たしている。

フォン・デア・ライエンは、「欧州」が、多極世界における軸の1つとして、より戦略的で「自律的」な役割を果たす外交を、欧州憲法条約の草案作りにも携わったEU推進派のボレルに要請している。欧州諸国は、トランプによる関税引上げの脅しやNATOよりも二国間ベースでの優位な協議に持ち込みたがる米国との関係を、トランプとのケミストリーが合うマクロンを前面に出しながら、個別イシューごとに対応を変える実利主義的なアプローチで乗り切るつもりだ。

その一方で、イラン核合意の反故やシリア北部からの米軍撤退決定、クルド人の切り捨てなど、欧州の利益とは懸け離れたトランプの決定に対し、欧州としての戦略自律性とその基盤となる軍事力の整備が必要不可欠との認識も共有されている。しかし、早速、次世代戦闘機で、仏・独・スペインの次世代戦闘機（NGF）計画に対し、英・スウェーデン・伊がテンペスト計画で対抗する一方、中・東欧諸国は米国製戦闘機の導入に走っている。さらに、対戦車ミサイル計画でも分裂するなど、「オール欧州」の掛け声は、具体的な場面で各国の国益や思惑に掻き消されてしまう。また、EU独自の軍事力強化のために作られた恒久的構造化協力（PeSCo）も、具体的成果を生み出すに至っていない。この点で、多様性は、欧州の武器でもあるが、足枷にもなり得るのだ。

これまでも、イタリアや中・東欧諸国などは、仏・独タンデムの独断専行に、たびたび反発してきた。特に、地政学的条件も脅威認識もまったく違うEU28カ国の意見を集約することは困難を伴う。

2　内憂外患の欧州も小春日和へ

欧州諸国は、域内における大衆迎合主義の増加とともに、さまざまな地政学リスクや、難民問題などにも直面している。これらの問題は、簡単に解決できるものではなく、２０２０年も、問題は継続するだろうが、その深刻さは、減少傾向にある。

（1）ブレグジット

（本稿執筆時の２０１９年11月初旬時点では）「合意なき離脱」にこだわるジョンソン首相も、２０２０年1月末までの離脱再延期でＥＵと合意し、12月12日の総選挙も決定するなど、ブレグジットは混迷を深めている。ここで重要なことは、ブレグジット問題の主体は、英国の離脱を承認するか否かを決定するＥＵ側であることだ。そこで注目すべきなのが、トゥスク欧州大統領が1年程度とした離脱延期案を否定して２０１９年10月末までと期限を切り、その後の「合意なき離脱」もやむなしとしたのはマクロンであるという事実だ。また、フォン・デア・ライエンも、再度の国民投票に否定的である。

欧州各国とも、すでに、当初２０１８年3月末と見込まれた「合意なき離脱」に対する通関や在欧英国人の取扱いなどの準備を進め、英国工場を閉鎖したり欧州に本社機能を移転させたりした民間企業も多い。また、ＥＵもアデン湾での海賊対処司令部を英国からスペインに移すなど、大方の対応を済ましている。よって、英国の拠出金がなくなり、観念的な「欧州統合」の言説にダメージがあるほかは、（アイルランドは別として）大きな混乱は生じない見込みである。ブレグジットによる景気後退を懸念する声もあるが、離脱騒動の影響は、すでに、ドイツ経済などに出ており、早い最終決着を求める声も多い。

また、EUに懐疑的な欧州諸国も、EUからの補助金目当てに、現時点で本気でEU離脱を考えている国はない。皮肉にも、ブレグジットの混乱が反面教師となり、これらの国においても、「EU離脱」から「EU改革」へ焦点が推移した点も見逃せないだろう。

（2）ウクライナ東部紛争

2014年2月以降、ウクライナ東部において武力衝突が継続する中で、2019年9月、ロシアとウクライナが初めて捕虜を交換し、両国間の関係改善の第一歩として歓迎された。さらに、マクロンは、和平交渉を仲介して紛争を終了させる目論見で、トランプも、マクロン主導の交渉に前向きである。

ただし、ウクライナ東部地域への特別な地位の付与などで、ロシアによる「力による現状変更」を許容することは、ロシアに対する脅威認識の大きいポーランドやバルト諸国、ルーマニアなどのNATO東縁部諸国には受け入れられない。また、「力による現状変更」を試みる中国に誤ったメッセージを送る可能性もあり、その矢面に立つ日本としても受け入れ難い。8割以上が西欧諸国と関係強化を願っているとされるウクライナ国民を失望させることは、権威主義との対決姿勢を強める仏・独にとっても得策ではないだろう。

ここで注意したいのは、ロシアには、隣接する周辺国が米主導の軍事同盟であるNATOに加盟することは、絶対に阻止する必要があり、ウクライナをNATOに加盟させないため（NATOは紛争当事国を新規に加盟させてリスクを負うことはしない）にも、ウクライナ国内に紛争などの混乱を常在化させる必然性があることだ。また、そのウクライナに、中国が急速に接近している点も気がかりである。

（3）セルビア・コソボ問題

2018年12月、コソボ政府は、国際刑事機構がコソボの加盟を承認しなかったのは、セルビアの妨害工作が原因だと非難し、セルビアからの輸入品に対して100％の関税を課した。さらに、コソボ議会が、それまでの治安部隊（KSF）を5千人規模の軍に改編することを決定して以降、両国関係が緊張している。米英独仏伊の5カ国は、2019年8月、両国の緊張がバルカン半島全体の不安定化につながりかねないとして、セルビアに対しては、他国にコソボの独立を承認させない活動の自制を求める一方、コソボに対しては、セルビアからの輸入品への関税撤廃を促している。

コソボ特別法廷の聴取を理由としたハラディナイ首相の辞任・解散に伴う総選挙（2019年10月）では、野党の左派政党らが最大勢力となり、汚職対策や組織犯罪対策、セルビアとの関係改善が期待されるが、これまで同様、対策は遅々として進まないだろう。

事実、マクロンは、各国から「歴史的失策」との批判を浴びながらも、汚職や組織犯罪対策の不備を理由に北マケドニアとアルバニアの加盟交渉開始を拒否している。

また、両国関係が改善され、必要とされている各種改革が進めば、2025年頃にはセルビアやモンテネグロのEU加盟の可能性も指摘される。しかし、セルビアにおけるロシアの影響力は、我々の想像以上であり、EU内の「トロイの木馬」になることも懸念される。

（4）難民問題

年間103万人もの非正規難民が欧州に流入して問題となった2015年以降、流入難民数は、減少傾向にあり、UNHCRによると、2019年10月初旬時点で、約7万9千人と、2018年総数（約14万人）の半分程度となり、その約2割をアフガニスタンからの難民が占める。この減少は、ギリシャに流入した難民をトルコに送還することや、EUが難民管理費としてトルコに30億ユーロを支払うことなどが合意された「EU－トルコ声明」（2016年3月）によって、トルコから欧州方面に流入する非正規難民が減少した影響が大きい。ただし、2019年も、地中海ルートを移動中に千人以上が命を落としている。

その一方で、トルコ国内には約360万人のシリア系難民などが収容されており、声明では、懸案となっているトルコのEU加盟交渉を促進することも合意されていることから、EU側が対応を誤れば、トルコが大量の難民を欧州に放り込むという「時限爆弾」になっている点にも注意が必要だ（実際、トルコによるシリア北部での軍事作戦を批判するEUに対して、エルドアン・トルコ大統領は、「難民を送りつけるぞ」と言い放っている）。

ただし、多くの欧州諸国は、少子高齢化から労働人口の減少に直面し、労働力確保が経済成長に必要不可欠となっている。十分な入国管理を経た難民は、その社会に統合されるかどうかは別としても、労働力不足に悩む欧州諸国にとって、問題解決方法の1つと期待される。

3 対中警戒感を増す欧州

ここ十数年の経済発展と政治的発言力の拡大によって、欧州における中国の存在感も、大きく増加した。北京詣をする欧州各国首脳や、年間370億ユーロに達する中国の対欧州直接投資は、その好例だろう。その中国は、英国を欧州金融に対する重要拠点として、そして、ドイツを重要な産業技術の入手拠点として重視している。実際、過去10年の累計投資額を見ると、英国の469億ユーロが抜きん出ており、ドイツの222億ユーロ、フランスの142億ユーロと続く。また、中国は、トランプに毅然と物申すメルケルに対して、対米共闘の隙ありと睨んでいる。

さらに、中国の「一帯一路」構想は、仏・独主導のEUに批判的なイタリアやギリシャ、そして欧州懐疑派の多い中・東欧諸国（旧東欧諸国）にとって、ブリュッセルに対する一種の牽制となるとともに、中国からの投資を期待できる魅力的な「おとぎ話」である（現実の対中・東欧諸国投資額は微々たるもので、71億ユーロという地域累計投資合計額は、対オランダ累計額の99億ユーロよりも少ない）。

加えて、中国は、旧東欧諸国と中国の「16＋1」イニシアチブ等を通じて、彼らを、「新欧州」として扱い、新欧州と旧欧州の対立・分断を試みてきた。その裏には、旧東欧諸国の支持を取り付ければ、EU内で影響力を行使できるとの計算が存在する。また、西欧諸国と比べて国内法整備が不十分で、さまざまな点から付け入る隙が多いことや、民主主義の歴史が浅いために政治原則を口うるさく言わないことも、中国が、中・東欧諸国への浸透を重視する一因となっている。

しかし、中国の存在感が増加するにつれて、中国の横暴で権威主義的なやり方も目に付くようになった。例えば、劉暁波氏へのノーベル平和賞撤回を迫るため、ノルウェーに対してサーモンの輸入検査厳格化で圧力をかけた他、ダライ・ラマと公式に面会したサルコジ仏大統領（２００８年）やキャメロン英首相（２０１２年）に対してさまざまな外交的圧力を加えたことは記憶に新しい。最近では、台湾寄りの姿勢を明確化するプラハ市に対し、「プラハ」と名の付く楽団のビザ発給を拒否している。

中国による欧州企業の買収を通じた技術流出に対する懸念から、２０１７年以降、外国からの直接投資の条件厳格化や、重要産業や重要インフラに対する外国資本の参入制限に関する法制度を整備する欧州諸国が増加した。その結果、中国から欧州に対する投資総額は、２０１６年の３７０億ユーロをピークに減少しつつあり、２０１８年投資総額は、前年比40％減の１７３億ユーロとなった。もちろん、この減少には、中国経済の減速や米中貿易対立の余波も影響している。

そもそも、一部政治家の認識とは別に、欧州の対中感情は総じて悪い。世論調査で親中感情が反中感情を上回っている国は、キプロス、ギリシャ、クロアチア、バルト三国、ブルガリア、ルーマニアのみであり、その他の国、特に、独、仏、伊、スペイン、スウェーデン、そして、「親中国」とされるオルバン首相のハンガリーやゼマン大統領のチェコにおいてさえ、反中感情が多数派を占めている。

これまでも、欧州諸国は、程度の差はあるものの、経済的な関係を深める一方で、「民主主義・人権・法の支配」という3つの政治原則を尊重することを中国に要求してきた。特に、EUは、事あるごとに、中国に対して人権問題を提起してきたと言えよう。

例えば、ドイツは、伝統的に、中国に対して民主主義や人権を主張する一方で、経済関係の強化を通じて、中国の自由化・民主化を促進する立場をとってきた。もちろん、シュレーダー政権のように、政治原則よりも経済関係を重視する時代もあったが、現在のメルケル政権は、三原則の主張を前面に出している。そのドイツでは、近年、対中警戒姿勢が強まっている。この警戒感は、政治原則以上に、ドイツ財界の抱く、中国国営企業による自由主義経済原則に対する挑戦や、「中国製造2025」によって中国企業が世界経済を席巻するのではないかという警戒感であり、一朝一夕に解消されるものではない。

マクロン政権も、オランドやサルコジと比較して、人権や、民主主義といった政治原則を前面に出して中国に対して牽制姿勢をとる傾向にある。特に、統治体制をめぐる世界的な競争の中で、いわゆるイスラム国や権威主義体制が民主主義体制を脅かしていると認識し、民主主義体制を守る姿勢を明確化している。

また、「中国が経済的に欧州を攻撃する中で、欧州はあまりにも中国に注意を払っていない」と警告するフォン・デア・ライエンは、「北京は、笑顔で近付く裏で、狡猾に自身の政治目的を達成しようとしている」とも指摘し、中国の強権的な政治手法に批判的だ。

2019年8月、仏独英は、事前申請なしにベトナムの排他的経済水域内で調査活動を継続する中国の海洋調査船問題に関して、中国を名指しはしなかったものの、明確な懸念を表明し、関係国に平和的解決と国連海洋法条約などの「法による支配」原則の尊重を求めた。南シナ海問題における欧州主要国によるこのような懸念表明は、初めてである。

以上のように、仏・独指導部のみならず、欧州委員会やドイツ財界も、さまざまな理由から対中警戒感を強めており、2020年も、欧州諸国による対中牽制姿勢が強まっていくだろう。また、欧州諸国の積極的な「法の支配」原則の主張は、日本にとっても、価値観の共有を強調してインド・太平洋地域における中国の活動を牽制する上で重要な意味を持つ。

もっとも、欧州各国の歴史的な背景や経済的な思惑の差から、単純な「中国」対「欧州」といった構図にはならない点にも注意が必要だ。

第7章　イギリス―迷走するブレグジットの行方

蟹瀬誠一

イギリスの名門オックスフォード大学には200年以上の歴史を持つ悪名高き秘密社交クラブがある。その名は「ブリンドン・クラブ」。会員は貴族や実業界・政界の名門家系出身の少数の男子学生に限られ、毎年恒例の晩餐会ではクラブカラーである青と白をあしらった特注の正装が義務づけられている。そう聞くといかにも超エリートの格調高いクラブのようだが、じつはリッチな家柄の息子たちがドレスアップしてレストランで大酒を飲んで乱痴気騒ぎを起こし警察沙汰になることもあるという悪ガキ集団だ。そのため大学もクラブの存在を正式に認可していない。

かつてそんな札付きの秘密クラブメンバーだったふたりの政治家が、この6年間というものブレグジット（英国のEU離脱）をめぐってイギリスの運命を左右してきた。デビッド・キャメロン元首相と2年先輩のボリス・ジョンソン現首相である。ふたりは学生時代から火花を散らすライバル関係にあった。彼らの言動からブレグジットと誇り高きジョンブル国家イギリスの先行きを展望してみたい。

1　エリートの誤算

まず、キャメロン氏から見ていこう。首都ロンドンの中流家庭で産声をあげたキャメロン氏は名門イートン校からオックスフォード大学へ進学。哲学・政治・経済を学んでいる。典型的エリートコースだ。成績はすこぶる優秀で、卒業後はサッチャーとメージャー両政権の下で政策調査に従事した。２００１年の総選挙で初当選後は出世街道をまっしぐら。２００５年に保守党党首、そしてその5年後には爽やかな弁舌を武器に若干43歳で首相に就任している。

だが、エリートにありがちな過信と誤算がつまずきの始まりとなった。２０１３年、キャメロン氏は次の選挙で保守党を勝たせてくれれば、それまで長く迷走していたEU離脱問題について「出るか残るか、とても単純な選択」を国民に委ねると約束してしまった。数年後に誰の目にも明らかになる経済や国境に関する厄介な問題や不利益については一切説明しないままで。「馬鹿げた国民投票を行えば…すべてを失う」というドナルド・トゥスク欧州理事会常任議長の警告にも耳を貸そうとはしなかった。

世論調査の結果は15年の総選挙ではどの党も過半数が取れず「ハングパーリアメント（宙ぶらりん国会）」になるだろうという予想が大半だった。しかし国民投票を公約することで離脱派の票も取り込んだキャメロン率いる保守党は予期せぬ単独過半数を獲得して圧勝。選挙後に国民投票に反対する自由民主党と連立を組んで国民投票の実施を断念するというキャメロン氏が密かに目論んでいたシナリオが崩れ去った。その結果、翌年に約束通り国民投票というパンドラの箱を開けざるをえなくなったのだ。それでも彼はEU離脱は否決されるものだと思っていた。ところが結果はまたも大誤算。52%対48%で離脱派が残留派を上回った。数字を見る限りは国民の総意を表わしているとはとても言いがたい僅差だったが、賽は投げられたのだ。投票率は71・8%。3、000万人以上という1992年以来イギリスでは最多の投票者数となった。多くのイギリス人にとってブレグジットは国運だけでなく彼らの生活を左右する一大関心事だったのである。

離脱派を勢いづけた背景には欧州全域で高まった反移民感情があった。EU加盟国で金持ち国イギリスには貧しい国々からの移民がヨーロッパ大陸経由で1年に30万人も流れ込んでいた。学校も病院もアパートも満杯。さすがの異常事態にこれではもうやっていけないというムードがイギリス国民の間に漂っていた。その一方でEU離脱という選択はイギリスの分裂を予感させた。イギリスはグレートブリテン（イングランド、スコットランド、ウェールズ）と北アイルランドの連合王国である。イングランドは離脱派が多数を占めたが、スコットランドでは32投票区のすべてが残留を支持。北アイルランドの人々もEU支持を明確にしたからだ。将来、イギリスがイングランド、スコットランド、北アイルランドの3つに分裂してしまう可能性も否定できない。

世論は真っ二つに分かれ、保守党の勝利で最大の犠牲者となったのは皮肉なことに保守党党首のキャメロン首相だった。

「大きく落胆した。…私のことを絶対に許さないと思っているひとがいるだろう」と英タイムズ紙とのインタビューでキャメロン氏はそのときの心情を吐露している。ひとりのリーダーの判断ミスから国家は窮地に陥る。敗北したキャメロン氏は早々と首相だけでなく議員も辞任してしまった。無責任のそしりを免れない。19年秋に出版された自叙伝では、保守党内の裏切りや離脱派の世論操作で「私は身動きがとれなかった」としているが、負け犬の泣き言にしか聞こえない。

2　ブレグジットにロシアの影

ロンドンから東に約2,500㎞、最低気温がすでに5度前後まで下がったモスクワのクレムリン宮殿で不敵な笑みを浮かべながらブレグジットの混乱を眺めている男がいる。14年にクリミアに軍事侵攻して欧州各国から制裁を受けているロシアの帝王、ウラジミール・プーチン大統領だ。それもそのはず。ロシアが欧州の分断を狙ってイギリスの国民投票や17年にメイ前首相が大敗を喫した総選挙で裏から介入した疑いが濃厚なのだ。イギリスで中心的役割を果たしたのは国民投票で資金力にものを言わせて離脱を後押しした英実業家で富豪のアーロン・バンクス氏だといわれている。バンクス氏は、英国独立党（UKIP）のファラージ党首（当時）とともに、「リーブEU（EUを去れ）」という急進的な離脱運動団体を設立し、同国史上最大の800万ポンド（約10億6、000万円）もの政治資金を供与したことで知られている。その資金を提供したのがじつはロシアだったという疑惑が浮上し、国家犯罪対策庁（NCA）の捜査対象となっているのだ。NCAは米国でいえば連邦捜査局（FBI）のような警察機関だ。英国では選挙キャンペーンに外国資金を使うことは違法行為だ。

国民投票を前に、リーブEUは大手金融機関や既成政治を厳しく批判し、「同化なき移民流入は侵略だ」といった過激なメッセージをフェイスブックなどソーシャルメディアで拡散し、有権者の移民に対する恐怖を植えつけた。なぜか唐突にロシアのプーチン大統領を賞賛する内容のものもあったという。2016年に行われた米大統領選へのロシア介入と恐ろしいほど相似しているではないか。

「ロシアや外国からの資金が使われたことはない」とバンクス氏は資金の合法性を地元メディアに強調したが、英ガーディアン紙によれば、ロシア人女性を妻に持つバンクスは広報担当者とともに国民投票の数カ月前にヤコベンコ駐英ロシア大使や他の要人と頻繁に接触を重ねていたという。また、同氏は16年の11月にはトランプの大統領当選を祝うためニューヨークのトランプ・タワーに駆けつけた最初の英国人だった。

NCAの捜査が明らかにされると、議会からは徹底調査の声が相次いだ。「我が国の民主主義に対する犯罪の全容が明らかになるまで、EU離脱は保留すべきだ」とデビッド・ラミー労働党議員が主張し、同党のトム・ワトソン議員も国民投票の結果が「盗まれた」かどうか米国の特別検察官レベルの調査を要求した。保守党のダミアン・コリンズ議員も「ブレグジットとトランプ氏の政治運動の裏には直接的繋がりがある」として広範な調査を求めた。リーブＥＵが実際に投票結果にどの程度影響を与えたかは今のところ定かではない。しかし離脱支持52％、残留支持48％という僅差だったことや、米大統領選でロシアがトランプ候補に有利な情報操作をしていたことが米情報機関によって確認されていることを考えると、結果を左右した可能性は十分あるだろう。バンクス氏はよくこう言っていたそうだ。

「国民投票の勝ち負けを決めるのは事実ではなく、感情なのだ」

計り知れない不安とリスクを抱えながらイギリスのＥＵ離脱への歯車は音を立てて動き出した。

3 「氷の女王」の涙

キャメロン氏の失態の尻拭いをさせられたテリーザ・メイ首相はよく頑張ったと言えるだろう。イギリス２人目の女性首相という立場と引き換えに火中の栗を拾うことになったメイ氏は、イギリスを縛り付けておきたいＥＵと党利党略に明け暮れる英議会との狭間で穏便な離脱を達成させるという誰がやっても困難な離れ業をまさに命を賭けて実現しようとした。持病の糖尿病で毎日２回インシュリン注射を打ちながら。

幼い頃からイギリス初の女性首相になることを口にしていたメイ氏は、オックスフォード大学時代に弁論部で磨き上げた雄弁で強気一辺倒でEUや議会との交渉に臨んだ。豹柄のハイヒールなど派手なファッションはいただけなかったが（個人的な感想です）、EUとの合意をイギリス議会で承認させようと粘り強く孤軍奮闘する姿はイギリス初の女性首相で「鉄の女」と呼ばれた故マーガレット・サッチャーを彷彿とさせた。だがメイ氏はサッチャーほどの人心掌握術を持ち合わせていなかった。EUとの交渉でまとめ上げた離脱案は幾度となく議会に否決され、国民投票で決まっていた19年3月というEU離脱期日はずるずると延期されていった。「意見の違いがあっても、同じ人間として敬意をもって他人に対応を」というエリザベス女王の呼びかけも混乱収拾につながらなかった。

万策尽きたメイはついに19年5月24日、ダウニング街10番地の首相官邸前で辞任を表明した。冷徹で感情を表わさないことから「氷の女王」と呼ばれた彼女が公の場で初めて涙を見せた瞬間だった。

4 ボリス・ショック

ブレグジット危機に乗じて次に首相の座についたのは、離脱運動の「顔」となったボリス・ジョンソン氏だ。気さくでユーモラスな人柄からイギリスではもっぱら「ボリス」と呼ばれている。

ジョンソン氏も、キャメロン氏と同じく、オックスフォード大学時代は悪名高い社交クラブの会員だったことは前述した。その頃のやんちゃな青年がそのまま大人になったと思えば、今の彼のボサボサ髪も破天荒な言動も妙に納得がいく。「英国のトランプ（米大統領）」と呼ばれるのも当然だろう。だが、見かけとは違いジョンソンは生粋のエリートの血筋だ。なにしろオスマン帝国（現在のトルコ）末期の内務大臣アリ・ケマルの末裔で、父方の先祖には英国王ジョージ2世がいる。

1964年、作家で欧州議会議員のスタンレー・ジョンソンとシャーロット・フォーセットの長男としてニューヨークで生まれたボリスは、知性の欠片も政治経験もなく粗野な米大統領とは大違いで、名門イートン校で弁論部部長を務め、オックスフォード大学時代は古典学を学び、権威あるオックスフォード連合会長に指名されている。卒業後は政治週刊誌の編集長を経験。下院議員を務めた後はロンドン市長としてロンドン五輪を成功させ、メイ政権では外務大臣に任命された。見かけによらず就寝前には時間を見つけて古代ギリシャ文学を読み、ヒトラーから世界を救った宰相として名高いウィンストン・チャーチルの伝記やシェークスピアに関する本も執筆している。テレビを見ながらハンバーガーにかぶりつき、ツィートを連発しているトランプ大統領とは雲泥の差だ。

「ボリスのカリスマは（学生時代から）突き抜けていて計測不能でした。面白くて、人間味があり、愛嬌もあった」と、イートン校からオックスフォード大学まで一緒だった友人が英フィナンシャル・タイムズ紙の取材で述べている。

しかし、いくらカリスマと古典学の教養があっても英国が現在直面しているブレグジット問題は難題だ。これまでジョンソン氏の立場は二転三転している。保守党党首選では、残留派には「最も緩やかな離脱」、中間派には「合意の上での離脱」、離脱強行派には「何があっても離脱」を約束するという恥も外聞も無い三枚舌を使って支持を取り付けようとした。歴史を振り返れば二枚舌外交はイギリスのお家芸だが、さすがに批判を浴びたご当人は一旦マスコミから雲隠れした。

首相に選出されてからは「EUと合意できなくても期限の10月31日までにブレグジットを遂行する」と息巻いているが、離脱強行派という看板は学生時代からのライバルで親EU派のキャメロン前首相を倒すための戦略でしかなく、本音はEUから最大の譲歩を引き出すと共に総選挙に打って出ることだった。だが、ジョンソン氏が電撃的な議会の解散を狙って提出した動議は幾度も否決され不発に終わった。イギリスではキャメロン政権下で制定された2011年の議会任期固定法で首相の解散権が制限されており、解散には内閣不信任案の可決か下院議員の3分の2以上の同意が必要だが、賛成票は過半数にも届かなかった。解散動議に先立ち、エリザベス女王の裁可を経てEU離脱を3カ月延期することを政府に義務づける法律がすでに成立している。袋小路に迷い込んだとみられたジョンソン氏だが、生まれながらの負けず嫌いで楽天家。彼の強みは自分の直感を信じて目的に向かって突き進むパワーだ。瞬く間にEUと新たな離脱協定案をまとめ、離脱期限を2020年1月末まで延期させた。そして英議会では与野党に12月12日の総選挙実施を承認させた。

蓋を開ければジョンソン氏の保守党が圧勝。これで議会が離脱案を承認することは間違いなく離脱が確実になった。

「今回の選挙で、離脱により英国民の潜在能力を解き放つチャンスが到来した」とジョンソン氏の鼻息は荒い。

だが、20年12月末までは完全離脱の準備の移行期間にEUと新たな自由貿易協定（FTA）に合意できなければ、合意無き離脱と同じ混乱が陥る可能性が残っている。

5　なかなか抜け出せない泥沼

振り返れば、国民投票でEU離脱を選択したのは2018年6月だった。それなのになぜこれほど長くこじれているのか。一言で言えば、英政府がEU離脱より北アイルランドの国境問題を優先したからだ。つまり、ブレグジット最大の障壁は国内問題なのである。英国はグレートブリテン（イングランド、ウェールズ、スコットランド）と北アイルランドからなる連合王国だ。かつて北アイルランドでは英国残留派のプロテスタント系住民とアイルランドとの統一を望むカトリック系住民の間で流血のテロ事件が頻発した。その後、英国とアイルランドがEUに加盟し、アイルランドと北アイルランドの間の国境検査が撤廃されてヒト・モノ・資本の交流が盛んになることによって和平が実現した経緯がある。そもそも、30年間も続いた爆弾テロ、銃撃戦、暗殺などで3、500人もの死者と4万2、000人以上の負傷者を出した北アイルランド紛争を終結させた1998年の和平合意はEU統合が基本になっている。ＥＵと合意なしに離脱することに反対する北アイルランドで武力衝突が再燃する恐れがある。すでに19年1月には新たな自動車爆破事件も起きている。

ＥＵ側は、北アイルランドだけを英国本土から切り離してＥＵに残留させる案を提示したが、国内に国境線を引くなど英国にとっては論外だ。その上、選挙でスコットランドの少数政党スコットランド民族党（ＳＮＰ）も大躍進したため、新たにスコットランド独立のための住民投票実施の可能性も出てきた。

6　大英帝国とチャーチル

まだ綱渡りのジョンソン氏だが、じつは心の支えとなる人物がいる。それは、たったひとりで歴史を変えたイギリスの宰相ウィンストン・チャーチルだ。ジョンソン氏が２０１４年に出版した『チャーチル・ファクター』からはチャーチルに対する鋭い分析と敬愛、そしてジャーナリスト上がりの優れた文才を読み取ることができる。今はきっと苦境に立つ自分の人生を戦時中のチャーチルの挫折や苦悩と重ね合わせているに違いない。同書の中で彼はこう述べている。

「ヨーロッパとの関係はイギリスの主権、民主主義、大陸ヨーロッパ大同盟からの独立という遠大な事柄を巡る問題であり、これはきわめてチャーチル的な論争である。１９４０年の英雄に範を取れば解決できそうな気がしてくる」

つまり、誇り高き大英帝国はヨーロッパとともにあるが、「その一部ではない」というチャーチルの言葉が示した「イングランド・ナショナリズム」だ。

生前のチャーチルはときに下品でジョーク好き、目立ちたがり屋、デブの嘘つき男などと罵られたこともあったが、彼の庶民的なジョークは国民を笑わせ勇気づけた。そしてなによりも、驚異のスタミナと決断力でイギリスをナチスの侵攻から守った。ジョンソン首相がチャーチルほどの想像力、蛮勇、即断力を持っているかどうか疑問だが、恐らく最後は彼が敬愛する偉大な政治家の世界観を胸に秘めて合意なき離脱に突き進むだろう。

7 メリー・イングランド

20世紀初頭の英国は58カ国に君臨し、世界最大の軍事大国として地球の陸地の4分の1と4億5、800万人の暮らしを支配する歴史上稀に見る巨大な帝国だった。トラヤヌス帝の下で絶頂期のローマ帝国のじつに6倍の面積である。

第2次世界大戦後の大英帝国はそのほとんどの栄光を失った。しかし、世界のフィナンシャル・センターとして長年蓄積されてきた金融のノウハウを持つシティは輝きを失っていない。豊かな文化・伝統と新たなイノベーションを生む人材も豊富だ。ジョンソン氏が目指しているのは「メリー・イングランド（喜ばしい英国）保守主義」ではないかとジョンソン氏の伝記の著者であるアンドリュー・ギムソン氏は分析している。「メリー・イングランド」

とは開放的でのどかな田園風景の中で寛容な精神を持って自由に暮らせる国という、英国人が中世につくりあげた自国のイメージだ。

現在の英政界では、この言葉は単なる過去への回帰のことではなく、さまざまなルールや慣行に縛られてあまりにも息苦しくなった今の社会をぶち壊して、人々がもっと自由に発言し行動できる社会をつくろうという過激な改革を意味する。

英国のＥＵ離脱がその一歩となれば、ジョンソン氏は時代をさきどりした政治家としてその名を歴史に残すことになるだろう。

第8章　北アフリカ──「アラブの春」の行方

小林　周

1　はじめに

北アフリカ諸国の政治情勢は、日々不透明さが増している。政治面での安定を保っているのはエジプトとチュニジアだが、エジプトではシーシー政権に対する抗議デモが発生し、盤石とみられた安定性にほころびが見え始めた。２０１９年に入って長期政権が崩壊したアルジェリアとスーダンでは、軍を中心とした権力構造の継続に民衆が反発しており、早期の安定は見込めない。内戦状態にあるリビアでは首都トリポリ周辺での衝突が激化しており、国家再建が進展する気配はない。２０２０年も、北アフリカでは流動的な政治・治安情勢が継続するだろう。

北アフリカ諸国の政治情勢（2019 年 10 月時点）

チュニジア
2019年10月に大統領選
政治は安定的だが経済
は低迷
Morocco
アルジェリア
ブーテフリカ政権が崩壊
2019年12月に大統領選
軍が政治の実権を掌握
抗議デモは継続
豊富な石油・天然ガス資源
リビア
トリポリ近辺で大規模な戦闘
大統領・議会選の日程は不明
豊富な石油資源
エジプト
政治・治安は安定的
国民の経済的不満
2019年9月からデモ発生
Mauritania
Mali
Niger
Chad
スーダン
バシール政権が崩壊
軍が政治の実権を掌握
抗議デモは継続
サウジ・UAEの影響強まる
Senegal

出所：筆者作成。

2　エジプト：シーシー体制はどこまで盤石か

2014年に政権の座についたアブドゥルファッターフ・シーシー大統領は政治・治安・経済の安定化を進めてきた。エジプト経済を支えるスエズ運河の通航料、観光業、労働者の海外送金が増加しているだけでなく、新首都建設や大規模ガス田開発による海外投資も増加している。2016年にはIMFから総額120億ドルの融資を引き出し、経済回復を進めた。

2019年4月の国民投票によって憲法改正が承認され、大統領の任期が1期4年から6年に延長された。これにより、シーシー大統領の任期は2024年までとなり、その後の選挙で勝利すれば2030年までの長期政権が可能となる。エジプト国内ではシーシー体制下での政治的・経済的安定に対する支持は根強いことがわかる。

他方で、シーシー政権は国内を完全に掌握できているわけではない。2019年9月、首都カイロを含めたエジプト各都市で数百人規模の反政府デモが発生し、70人以上が逮捕された。治安部隊によって催涙ガスやゴム弾、さらには実弾が使用されたとも報道されたが、死者はなかった。シーシー政権下のエジプトでは、反政府デモが数百人規模で行われることはきわめて異例な事態である。

一連のデモの発端は、建設会社経営者・俳優のムハンマド・アリーという人物が行った告発である。彼によれば、シーシー政権の高官や軍幹部が無駄な建設事業で巨額の公金を浪費し、汚職に手を染めているという。現在、アリーは身の危険を理由にスペインに滞在中である。

アリーの告発が反政府デモにつながった背景には、シーシー政権の痛みを伴う経済政策により国民の生活が苦しくなっていることがある。特に、2016年11月の為替変動相場制への移行に伴うエジプト・ポンドの価値下落は、物価を上昇させ、生活を悪化させた。2015年に27・8％であった貧困率は2018年に32・5％へ悪化したうえ、補助金削減や増税が追い打ちをかけている。

一連のデモによって、シーシー政権の安定性に疑問が生じることになった。同政権はデモ参加者や人権活動家を千人以上逮捕し、強硬的な反応をみせているが、今後の事態の推移を注視する必要がある。

3　チュニジア：大統領選挙の実施、政治エリートの敗退

チュニジアでは北アフリカ諸国の中で唯一、民主的な国づくりが進められている。2019年9月から10月にかけて大統領選が実施され、決選投票の結果、カイス・サイードが約73％という得票率で圧勝した。サイードは憲法学を専門とする元大学教授だが、政治経験のない無名の候補者で、選挙資金や集票力もほぼないとみられていた。しかし、彼のクリ

ーンで「反エスタブリッシュメント」の姿勢が、政治や経済に不満を持つ若者の支持を集めた。分析機関によると、決選投票において18－25歳の若者の約9割はサイードに投票したという。

今回の選挙ではシャヒード現首相やマルズーキ元大統領、ズバイディ元国防相などの政治エリートが多く出馬したものの、いずれも敗退した。この背景には、政治・経済改革の停滞に国民の不満が高まっていたことが挙げられる。

10月9日には議会選挙が行われた。チュニジア最大の政党であるイスラーム政党「ナフダ」は定数217中52議席を獲得して第1党となったが、前回の2014年選挙と比べて17議席減となった。また、「ナフダ」とともに二大政党の一角であった政党「チュニジアの呼びかけ」はわずか3議席（82議席減）という大敗であった。一方、2019年3月に設立された新党「チュニジアの心」は38議席を獲得して第2党となった。

大統領選・議会選の結果に共通するのは、国民の経済的不満と政治不信である。「アラブの春」の要因となった経済不況や投資の停滞、高失業率は改善していない。失業率（公式統計）は2010年の12％から2019年には15％に上がり、インフレ率は2018年12月時点で7・5％に達した。しかし、既存のエリートに改革の実行力はないと判断したからこそ、チュニジア国民は無名の候補者や新政党に投票したのだろう。

一方で、資源国ではないチュニジアの経済不況は欧州や中東地域の経済状況とも連動する構造的なものであり、短期的な解決策はない。また、議会は少数政党の乱立となったため、連立協議は難航するとみられる。サイード次期大統領は連立協議によって議会や政党と調整しながら改革を進め、同時に国民の不満を抑えて政治の不安定化を防がなければならない。新政権は大きな課題を抱えながらのスタートとなるだろう。

4　スーダン：軍事体制の継続とサウジアラビア・UAEの介入

スーダンでは2018年末から反政府デモが拡大し、2019年4月に30年間続いたバシール政権が崩壊した。しかし、現状では民主化は進んでおらず、軍が政治の実権を握る構造が揺らぐ様子はない。

同国では、バシール大統領が2020年選挙への出馬の動きを進めたことが、政権への反発を高めていた。また、経済面でも南スーダンの独立による石油収入の激減、防衛費の増大、汚職や腐敗の蔓延によって経済状況が悪化する中、政府が補助金の削減や現金の流通制限を行ったことで、国民生活が悪化していた。これらの政治的・経済的反発が全土での抗議デモをもたらした。

2019年4月、アワド・ビン・オウフ第一副大統領兼国防大臣は、バシール大統領の身柄を拘束するとともに、暫定軍事評議会を設置して2年間の暫定統治を行うと発表した。暫定軍事評議会の議長の座についたのは、アブドゥルファッターフ・ブルハーン中将である。副議長にはムハンマド・ハムダーン・ダガロ（通称ヒメッティ）将軍が就任した。つまり、バシール大統領が失脚した後も、軍が政治権力を維持したことになる。

さらに、この2人の軍人を通じて、サウジアラビアとUAEの影響力が強まった。2015年3月にサウジやUAEがイエメンへの軍事介入を開始した際、スーダンはいち早く参加を表明したが、イエメン派兵の責任者を務め、サウジ・UAEとの調整を担ったのが、このブルハーン議長とヒメッティ副議長だからである。両者は就任後、初の外遊先としてエジプトとUAEを訪問、その後サウジも訪問した。その後、サウジとUAEがスーダンに対して30億ドル相当の援助を約束したと報じられた。

しかし、このような軍事体制の継続とサウジ・UAEの介入をスーダン国民が受け入れたわけではなく、首都ハルツームをはじめ都市部でのデモは継続している。デモ隊と治安部隊の衝突も発生しており、今後も不安定な情勢が続くだろう。

5　アルジェリア：軍が実権を握るポスト・ブーテフリカ体制

アルジェリアでは2019年4月にアブドゥルアズィーズ・ブーテフリカ大統領が辞任し、20年間におよぶ政権が崩壊した。その後の政治プロセスにおいては、軍を中心とした体制が維持される見込みが強い。

ブーテフリカ大統領は、2013年に脳卒中で倒れて以降、車椅子生活のため政務は困難であったといわれる。それにもかかわらず、同大統領が5期目を目指すと報じられたことから、抗議デモが全国規模で広がった。経済的にも、２０１４年半ばからの石油価格下落によって財政がひっ迫したことで、政権は増税や補助金削減に踏み切ったため、国民の生活は苦しくなっていた。

２０１９年4月、ガーイド・サーレフ国軍参謀総長を中心とした軍の圧力により、ブーテフリカ大統領が辞任を表明した。その後の政治プロセスにおいては、軍が重要な役割を果たしている。軍は前政権の高官に対する汚職捜査を積極的に行っているが、今後の抵抗勢力となり得る有力者の排除を狙っていると考えられる。これまで、ブーテフリカ政権時代の首相や財務大臣、法務大臣、警察長官、その他政財界の要人が捜査対象となってきた。さらに、大統領の弟サイードや情報機関の元長官らが逮捕された。

9月上旬、ベンサラーフ暫定大統領は大統領選を12月12日に行うと発表した。今後の政治プロセスにおいても軍・情報機関・連立与党による支配が継続し、大統領選までに現体制にとって望ましい候補者が固められるとの見方が強い。他方で、抗議デモは全国で継続しており、民主化勢力が軍主導の政治プロセスを支持する可能性は低い。民主化勢力は現体制関係者の一掃と新体制の構築を要求しており、軍との妥協の余地は見当たらない。新たな大統領選の日程が発表されたとはいえ、アルジェリアの政治プロセスは依然として流動的である。

6 リビア：トリポリ周辺での戦闘

２０１１年の「アラブの春」に伴うムアンマル・カダフィ政権崩壊から約8年が経過するが、現在もリビアでは国家建設が進まず、安定からは程遠い状況にある。２０１６年に設立された国民合意政府（ＧＮＡ）は、国際的に承認されているものの国内における政治・軍事基盤は脆弱であり、首都トリポリ周辺しか統治できていない。一方で、ハリーファ・ハフタルが率いる軍事組織「リビア国民軍」はリビア東部地域の実効支配を続け、さらに２０１８年以降は南部に支配圏を拡大している。また、ＵＡＥ、エジプト、サウジアラビア、フランス、ロシアはハフタルを支援し、トルコ、カタール、イタリアなどはＧＮＡを支援するなど、「代理戦争」の構図が生まれている。

このような状況下、２０１９年4月に「リビア国民軍」はトリポリに進軍し、ＧＮＡ勢力との間で激しい武力衝突が発生した。両勢力は外国から軍事支援を得ながら戦闘を続け、国内外の勢力は打開策を見出せず、泥沼化している。ＷＨＯは7月時点で死者１、０９３人、負傷者5、７５２人、避難者10万人以上と報告した。

国連は２０１９年中の大統領・議会選挙を計画していたが、首都周辺で大規模な戦闘が続く現状での実施はきわめて難しく、リビアの政治情勢は今後も混迷が続くだろう。また、リビアは政治変動の只中にあるスーダンとアルジェリアの狭間に位置しており、今般のリビア情勢の緊迫は、近隣国の政治・治安情勢をさらに不安定化させる可能性があることに注意が必要である。

7　北アフリカ情勢がもたらすグローバル・リスク

北アフリカ情勢の流動化は、国際社会に対して複合的なリスクをもたらすだろう。

第1に、エネルギー供給の不安定化である。北アフリカ諸国には豊富なエネルギー資源が埋蔵されている。リビアは世界10位の石油埋蔵量（484億バーレル）、アルジェリアは世界10位の天然ガス埋蔵量（4500万立方メートル）、世界15位の石油埋蔵量（122億バーレル）を誇る（確認埋蔵量、2018年OPEC資料）。エジプトでも地中海沖で大規模ガス田が発見され、同国は天然ガス輸出を進めている。北アフリカは欧州のエネルギー市場への一大供給地であるため、リビアでの内戦やアルジェリアの抗議デモが深刻化すれば、エネルギー開発・輸出を不安定化させる可能性がある。

また、都市部や地中海沿岸での抗議活動の鎮圧に治安部隊が多く投入されれば、それだけ内陸部や遠隔地に位置する石油・ガス関連施設の警備・監視活動は手薄になる。そうなれば、2013年1月のアルジェリア・イナメナスにおける天然ガスプラント襲撃事件のような、エネルギー施設を狙ったテロ攻撃のリスクは高まる。イナメナス以降、アルジェリア当局は砂漠地帯での治安活動や国境警備を強化しているが、隣国リビアの情勢は不安定なままであり、今後もエネルギー施設における治安リスクには警戒が必要である。

第2に、テロ・組織犯罪の活発化である。政治の不安定化によって北アフリカ諸国の国境管理や治安維持が脆弱になれば、テロ活動や組織犯罪が活発化し、ヒト・モノ・カネの密輸ルートが構築されやすくなる。

例えば「イスラーム国（ＩＳ）」については、イラク・シリアでのＩＳ本体の衰退を受けて、戦闘員が北アフリカに帰還・拡散する恐れがある。２０１８年8月にはＩＳの指導者アブーバクル・バグダーディーが声明を発表し、エジプトのシナイ半島、リビア、チュニジア、アルジェリアに加えて、ソマリア、西アフリカ・中央アフリカに言及した。「イスラーム・マグリブ諸国のアルカーイダ（ＡＱＩＭ）」も、北アフリカやサヘル地域（サハラ砂漠南縁の半乾燥地域）において活発化している。２０１８年3月には、新たなアルカーイダ系組織「イスラームとムスリムの支援団（ＪＮＩＭ）」が結成された。この組織には、２０１３年1月のイナメナス事件の首謀者ベルモフタールが指揮する組織も参加している。

第3に、移民問題である。リビアはアフリカ大陸から地中海を越えて欧州を目指す移民の主要な通過ルートであり、スーダン北西部は移民がアフリカの角・東アフリカ地域からリビアに移動する玄関口となっている。移民の多くは違法なブローカーに金銭を支払って密入国しているため、前述した北アフリカ諸国の情勢不安定化に伴う国境管理や治安維持機能の脆弱化は、組織犯罪とともに非正規移動（不法移民）を増加させると考えられる。また、北アフリカ諸国に滞在する移民が戦闘やテロに巻き込まれ、人道状況が悪化する事態も発生している。

不安定な北アフリカ諸国の政治情勢が国際社会に複合的なリスクをもたらす状況は、2019年にも継続するだろう。米国が中東・北アフリカ地域への関与に消極的な中で、日本や国際社会は地域安定化のために取るべき対応を検討する必要がある。

第9章 イスラエル――「生存」をかけた政治ゲーム（1）

米山伸郎

1 人口動態――多子若年化イスラエル、アラブ系イスラエル人、超正統派との統合がさらなる成長のカギ

１９４８年に建国されたイスラエルは２０２０年で72年目を迎える。イスラエル自身の暦では２０１９年９月29日の深夜に新年５７８０年を迎えた。

当初60万人程度であった人口はイスラエル中央統計局が２０１９年９月に発表したデータによれば９０９万２千人と９００万人を超えている。同局の予想では２０２４年に１千万人に達し、建国１００周年の２０４８年には1、５００万人となる見通しという。

わが国の四国の面積に近い国土の半分以上がネゲヴという砂漠に覆われているにもかかわらず、四国の人口約４００万人の倍以上の人々がイスラエルの都市部を中心に暮らしている。

同国の特殊出生率は３・09とＯＥＣＤ加盟国の中でダントツトップである。

また、移民増を目指した改正移民法により世界に点在するユダヤ人を積極的に受け入れている。２０１８年の移民数はイスラエル移民局によれば２９、６００人と前年に比べ５％増

えている。

移民の36％がロシア、そして22％がウクライナから来ている。ロシアからの移民は2017年比45％も増えている。北米からは3、550人と例年並みであった。フランスからの移民は25％減って2、660人、英国からも4％減って660人となっている。

日本と真逆の多子若年化が進むイスラエルだが、その内訳をみると課題も見えてくる。まず、全人口の21％を占めるアラブ系イスラエル人の統合問題である。

彼らを代表するタールという政党はあるものの政権には入れず、政治力は限定され、軍役も免除されている分、軍のエリート教育を受けず、ユダヤ人との間の経済格差は広がっている。

彼らを少なくとも経済的にいかに統合していくかがイスラエルの1つの課題となっている。

ただ、ネタニヤフ首相（当時）が長年議会に働きかけてきた「イスラエルをユダヤ人の国と定義するイスラエル基本法」が、2018年に可決され、法制化されている。市民としてのアラブ系イスラエル人に社会保障等何ら影響をもたらすものではないものの、「統合」の理念とは相反する「法」であることは間違いない。

ユダヤ人の中にも人口動態の問題がある。イスラエルにはハレディームと呼ばれるユダヤ教超正統派の人々がいる。彼ら、彼女らの割合はイスラエルの総人口の1割を超えている。このハレディーム世帯の出生率は約7と非常に多産であるが、一家の主となる男性は宗教活動を主体とし、生活の多くを国の社会保障に依存している。

ハレディームの親は、子供たちを社会に出て生産活動をするために必要な教育を授ける高校には行かせず、ヤシーンバという宗教学校でユダヤ教の学習を施す。

イスラエルのユダヤ人の若者は18歳になると男性で3年、女性で約2年の兵役義務が課されるが、ハレディームの子供たちはこれを免除されている。生産活動をせず、社会保障に依存し、徴兵義務を果たさず、かつその数がそれ以外のユダヤ人に比べて急速に増えていけば国家のコストの増大の懸念となる。

彼らの約半分は貧困層に位置づけられるが、逆に言えば残り半分は何らかの仕事を持って収入を得つつある。そのために、女性を中心に一般高校に通い、手に職をつけている子供たちもいる。ただ、社会保障が厚くなると、その割合は減るという状況にある。

前述のアラブ系イスラエル人の場合と同様、如何にハレディームをイスラエルの社会、特に労働力として組み込めるかどうかが将来のイスラエルの成長に関わってこよう。

2　リーダーシップ—ポストネタニヤフ政権

イスラエルの右派政党リクードの党首として2009年から連立政権を組み、10年間もの間、首相として君臨してきたネタニヤフが2019年4月の総選挙では連立を組めず、同年9月のやり直し選挙後も本稿執筆の時点で連立が組めていない。その理由として、従来は彼の連立政権に参加してきた中道右派政党の「イスラエル我が家」のリーバーマン党首が「連立の中に「ユダヤ・トーラー連合（ユダヤ教超正統派を基盤とする政党）」が入り続けるならば連立に加わらない」との立場を強硬に主張しているため。このイスラエル我が家の持つ8議席がないとネタニヤフは議会議席のマジョリティを得られない状況にある。

イスラエル我が家はロシア系移民を中心に「世俗派」の利益を代表する。急速にその人口比を増やしているハレディームへの社会保障の負担増や徴兵免除といった「特別な扱い」への世俗派の人々の不満を代弁している。ここにきてリーバーマン党首が連立参加を拒んだ理由が単にハレディームに対する懸念というよりは、ネタニヤフ自身のある種、強権的、反民主的政治姿勢への拒否反応と見る向きもあるようである。

イスラエルの生存を脅かすイランに対処する使命を原点として同国を率いてきたネタニヤフの求心力が、本人の贈収賄問題もあって切れつつある中、ネタニヤフが党首を務めるリクード党以外の中道右派の党首(2)を中心に連立を組むのか、それとも再度総選挙を行い、結果によっては労働党等中道左派や左派の連立の可能性が出るのか予断を許さない。

2020年以降のリーダーは、「世俗派」「宗教派」「アラブ」の間の利害関係の調整、統合のための政策はもとより、対イラン、対パレスチナ、そして対米関係といった政策において「現状維持」か、あるいは「変革」か、そのいずれを国民が望むかの選択により決まると言えよう。

3 経済—多国籍企業を引き付ける人材を輩出するメカニズムと格差、頭脳流出の問題

ＩＭＦによれば、２０１８年の国民１人当たりＧＤＰランキングでイスラエルは第23位の４１,６４４ドルと、同26位の日本（３９,３０６ドル）の上位にある。日本が高度成長を謳歌した１９８０年代までは高インフレに悩む社会主義的経済の印象のあったイスラエルが、今や日本を上回る経済成長を遂げている要因にはさまざまなものがある。

１９７３年の第４次中東戦争の教訓として諸外国の最新兵器・技術などの情報収集（インテリジェンス）体制を構築したこと、軍でのエリート教育の充実、１９８５年の米国とのＦＴＡと96年のＱＩＺ(3)、90年代初頭の冷戦構造の崩壊に伴うロシア、東欧を中心とした大量のユダヤ人の移民、そして彼らが活躍するＩＣＴ産業のインフラとなる90年代のインターネットの登場が挙げられる。

「インテル入ってる」で有名なプロセッサーの設計、開発拠点はもとより生産ラインまでをイスラエル国内に移しているインテル社はアメリカの企業ながら母屋をイスラエルに置いており、ＩＢＭ、グーグル、フェイスブック、ヒューレットパッカード、マイクロソフトなどのハイテク企業が研究開発拠点をイスラエルに設けている。また、ライフサイエンス分野や、ロボット、エアロスペース分野においてもイノベーションを起こしているイスラエルへ

の世界中からの投資はまだ続いている。最近ではフィンテックに注目し、世界の金融機関がイスラエルにオフィスを設けている。

ただ、そのイスラエルの問題として頭脳流出や教育の差の問題が指摘されている。

独立系の研究所のショレッシュ社会経済研究機構による最近のレポート(4)によると、海外で学んでイスラエルに戻る高学歴者の数の4倍以上の高学歴者のイスラエル人が海外、特に米国に移り住んでいる。２００６年に比べ２０１６年でアメリカの市民権を得たイスラエル人は32％増えている。さらに問題はイスラエルの経済と医療が人口でわずか１・４％のエリートに依存している実態である。国庫に入る所得税の92％は彼らが負担しているといわれている。またハイテク産業は全雇用の２・７％を雇用しているにすぎないが、ハイテク産業の輸出は全輸出の約４割を占めている。

将来の国を支える子供たちの教育にも懸念がある。というのもイスラエルの子供５人に１人が一般的教育を受けない前出のハレディームの子供で、このハレディームの出生率が約７とそれ以外のユダヤ人の出生率よりかなり高いため、いずれユダヤ人の子供の半分がまっとうな教育を受けずに育つ可能性があるということである。

一方、軍の英才教育を通じて選抜され、鍛えられたイスラエルのもっぱら世俗的なユダヤ人が半年から1年間の海外での遊学を経て、問題意識を持って大学でさまざまなスキルを身につけ、卒業後に起業し、それが欧米多国籍企業に買収されていくという双六の「上がり」のパターンが現在のイスラエルでは目立つ。また世界中の多国籍企業がそういったイスラエルの若者や創業後間もない会社の青田買いを狙っているが、彼らは高給取りとなり、あるいはシリアルアントレプレナーとなって、富を蓄えていく。ハレディームと世俗派間の格差、そして徴兵を通じて選抜されたエリートとそれ以外の人々の格差という構図が固定化しつつあるように見える。

4　安全保障政策と軍事力整備―アメリカとの連携と自前の兵器開発力

イスラエルの場合、安全保障政策と軍事力整備は政権によらず、イスラエル国防軍の長期計画に則り、淡々と進められる。軍事力整備の方向性として、ロシア製S‐400ミサイル防衛システムのような、より高度な能力を潜在脅威が保有することに対抗し、長射程で精密誘導能力のあるミサイルが重視されよう。

2020年以降、ネタニヤフ首相以外の首相による政権となった場合には、脅威をどう定義し、国防予算をどう割り当てていくかが課題となる。イスラエル国内では医療、教育、運輸などの問題が認識される中、どこまで国防に予算配分を行えるのかが新政権の大きな課題となろう。

イスラエルは、1967年の第3次中東戦争での圧倒的な勝利に油断してか、73年の第4次中東戦争でアラブ側の動きと兵器能力を見誤り、初期に手痛い敗北を喫している。ソ連（当時）がアラブ側に供給するハイテク兵器に危機感を持ったイスラエルでは兵器の自前開発を行うタルピオットというチームを軍に設けている。これは毎年徴兵される5万人もの若者の中から慎重に選抜された約30人の理工系のトップ人材で、大学教育と軍の現場での教育を施しながら、軍のニーズに合った兵器の開発を担う若手頭脳集団である。

「アイアン・ドーム」と呼ばれる近距離ロケット砲防衛システム、「ダビデの投石」の異名を持つ中距離ミサイル防衛システム、ＩＣＢＭ防衛の「アロー・ミサイル」など、弾道ミサイル迎撃システムにタルピオットの多くの才能が投じられたとみられる。

ストックホルム国際平和研究所によれば２０１８年のイスラエル製兵器の総輸出額は7億ドルを超え、世界第9位である。その輸出先はインド向けがほぼ半分、次いでアゼルバイジャン、ベトナムの順となっている。

ちなみに、タルピオットは多くのアントレプレナーの成功者も輩出してきている。

いずれにせよ、インテリジェンスを基に、タルピオットが中心となって最新兵器を開発し、軍事力を更新していく動きは２０２０年以降も続くであろう。

5　パレスチナ問題—現状維持が双方にとっての最良の政治選択

本問題に対するネタニヤフ政権の過去10年間の姿勢は現状維持であった。両者間のギャップはあまりに深く、「エルサレムの位置づけ」、「パレスチナ人のイスラエルの地への帰還の権利」、「安全保障」、「ヨルダン川西岸へのイスラエル人の入植問題」などは解決不可能と見られている。したがって現状維持が両者の政治的リーダーにとって都合が良い。ネタニヤフはこれらの問題に対するいかなる実質的な譲歩も認めない右派の連立先を失う余裕はなく、一方、2020年11月には84歳になるPLOのアッバス議長も、パレスチナ国家の首都がエルサレムであるというパレスチナにとっての根本的原則を失ったリーダーとして政治的キャリアを終わらせたくはないであろう。

パレスチナ自治政府が統治する地域の経済状況は良好で、イスラエルとパレスチナ両政府の水面下での協力により治安も改善していることから危機や困難な事案が突発しない限り現状維持が続くと予想される。

この現状維持のために大切な1つの要因がガザ地区である。パレスチナ政府に敵対するハマスが同地区を仕切っている状況において、アッバス議長もネタニヤフ首相もパレスチナを代表する組織が2つあるという事態は避けたい。

以上の状況から、イスラエルの首相がネタニヤフでなくなってもパレスチナ自治政府との関係や、前出の大きな問題に対して変化をもたらすことはできないとの見方が中心にある。そしてパレスチナ側も高齢の議長の後継者問題に追われ、トランプが言う〝世紀の取引〟を求める余裕はない。

ただ、新政権となって変わりえることとして、ガザへのアプローチがあるという。イスラエルとの境界線沿いのイスラエル人居住区にロケット砲を打ち込むハマスに対し、軍事的報復行動を取ることは新政権でも同じであろうが、ハマスとの間のより長期的休戦を目指すにおいて、ネタニヤフ首相は右派との連立に縛られていたが、新政権ではその縛りが緩まる分、ハマスへの経済協力を代償として、例えば空港や港での国際的監視の下での長期的休戦の実現ということは考えられよう。

細かいところでは、ネタニヤフ以外の首相となれば、これまでの挑発的なメッセージが少し穏やかなものに変わることで雰囲気が多少良くなるかもしれない。

6 イラン――現状維持のトーンダウン

ネタニヤフ首相が自ら任ずる使命はイランの核武装を阻止することである。彼は、トランプ大統領をしてイラン核合意協定から離脱させ、イランへの制裁圧力を最大化させることに成功している。米国はイランとの戦争は望まず、話し合いの余地は残ってはいる。

ネタニヤフはイスラエルを標的とするイラン軍のミサイル基地がシリア国内に設けられることは絶対に阻止すべく、あらゆる方策を実行してきた。ネタニヤフ首相以外の首相となったときにこの方針を継続するかどうかだが、ロシアと米国がそれを止めさせない限り、継続するであろう。むしろ、緊急度が高い脅威はヒズボラのミサイルが高精度なミサイルに改良されていくことにあるという。

いずれにせよ、イスラエルが新政権となれば米国とイランの間で新たな合意が成立することにネタニヤフのような反対の態度を示さず、そのような取引を認め、イスラエルを助けることで米国内の福音派の票を期待するトランプの立場への理解を示していくのであろう。なお、スンニ派で穏健な国々との水面下での対イラン協力といった戦略も、新政権の課題となろう。

7　米国との関係

ネタニヤフ首相はこれまでトランプ大統領の「反イラン」の姿勢に賭け、トランプもまたエルサレムをイスラエルの首都と認定したり、イスラエルが実効支配しているゴラン高原をイスラエルの領土として認知したりと、ネタニヤフとの間に濃い関係を築いてきた。ネタニヤフ政権はその代償として米国の民主党との関係や、米国内にいるリベラルなユダヤ人との関係を大きく損なってきた。仮に２０２０年の米国大統領選挙で民主党の大統領候補が選ばれた場合、米国政府との関係をどう構築し、リベラルなユダヤ人との関係をどのように修復していくのかはイラン問題以上に大きな問題と認識している有識者もいる。

ただし、経済面では前述の通り、米国の多国籍企業を中心にイスラエルのベンチャーと人材への青田買いは継続しており、BIRD Foundation（５）と呼ばれる両政府間の新産業づくりのための共同研究開発基金が40年以上続いている。さらには米国ＮＡＳＤＡＱに上場する企業数でイスラエル企業が米国、カナダ、ＥＵ、中国に次いで5位という双方向の民間同士の深い関係の構図は政権に拠らず安定していると言える。宇宙産業をはじめ、今後アメリカで生まれる新たな産業の上流にイスラエル企業が刺さりこんでいることは間違いないであろう。

米国内にも反ユダヤ主義的事件が起こることもあるが、同国に暮らす約600万人のユダヤ人に特に大きな危機感が無いことは、同国からイスラエルへの移民数が同国への移民全体の1割程度でしかないことから伺える。

右傾化しているイスラエル政治を米国から支えるAPACという米国最大のユダヤ人ロビーイング団体に対し、同じ米国内にパレスチナ問題ではリベラルな視点から時に母国への批判も厭わないJ-Streetというユダヤ人ロビーイング団体もあり、米国内での対イスラエルの議論をある種健全に保っているとも言える。

ということでイスラエルと米国の関係は互いの政権に拠らず、相互補完的、相互依存関係が今後も当分は続くものと考えられる。

8　必要は発明の母

砂漠で水がないならば海水の淡水化や排水のリサイクル技術で水をつくり、食料が不足すれば、点滴灌漑などの技術で今や輸出するほどに科学的に農林業を発達させ、人が足りなければ移民受け入れ、さらには自動化技術を発達させと、あらゆる「不足」を発明やイノベーション的発想で解決していくことによりイスラエルは成長・発展してきたと言える。

それが今や「不足」が感じられないほどにどの分野でも充足されている。おまけに地中海の領海内に巨大ガス田が見つかり、採掘も始まっている。

これまで「生存」のために1人1人が必死に考え、問題を解決していくための原動力であった危機感や緊張感といったものが弱まり、油断が生じることこそがもしかすると今後のイスラエルにとっての最大の脅威なのかもしれない。

【註】

（1）本章では特に政治面で元イスラエル政府高官であったMr. Oded Ramot氏から聴取した内容を反映している。

（2）「青と白」党のガンツ氏など。

（3）イスラエル産のものが用いられていればエジプトとヨルダンの産物をアメリカは無税で輸入するという取引。

（4）"Leaving the Promised Land — A look at Israel's emigration challenge"

（5）Bi-national Industrial R&D Foundation の略。1977年にスタート。

第10章　北朝鮮―金正恩体制に崩壊の兆しなし

武貞秀士

1　2020年、北朝鮮の3つのシナリオ

2020年、北朝鮮の体制とその立場はどうなるか。大きく分けると3つのシナリオがあるだろう。第一のシナリオは、米朝協議で合意が成立し、金正恩体制が強化され、南北経済協力が再開されるシナリオだ。具体的には、トランプ大統領が金正恩委員長との間で終戦宣言を出し、米国の連絡事務所を平壌にオープンする。米国は北朝鮮に対する金融制裁、人的往来の禁止という2つの制裁を解除する。それと引き換えに北朝鮮は寧辺（ヨンビョン）の核施設のほとんどを破棄することに同意する。ただし、破棄を先行することには同意しない。南北間の協力事業である開城工業団地は再開され金剛山観光施設の再建事業に対して、米国と韓国の企業の投資が始まる。米国は朝鮮半島への軍事介入をしない約束をすることと引き換えに、北朝鮮の核施設への査察が始まる。核兵器の完全な放棄を長期目標とすることを確認して、北朝鮮は核兵器を使わない約束をする。金正恩体制は強化される。

北朝鮮は米国が朝鮮半島で核兵器を持ったまま軍事的役割を果たすことを阻止するために

核兵器開発をしてきた。米国が核兵器を放棄しないかぎり北朝鮮は核兵器を放棄することはないので、北朝鮮が核兵器を放棄するなどは難しい話だった。しかし、トランプ大統領は「戦争よりはこの方法が最善だ」と判断をしたのである。そして、核兵器放棄の長いプロセスが始まるが、北朝鮮の目標は韓国と統一コリアを創設することであるので、南北対話は再開される。戦争が起きずに南北対話が進むのだから、韓国社会で在韓米軍不要論が台頭する。

第二のシナリオは、2019年の状態が続く場合である。米朝協議は一進一退、南北協議は北朝鮮が拒否したままの場合だ。2020年1月、米国は大統領選挙戦に突入し、トランプ大統領は朝鮮半島問題では新しい提案をする余裕がなくなる。米朝協議は開催されても大統領選挙に絡んでくるので、具体的な合意ができることを避けたい米国は、米朝首脳会談で実質的なことを協議することを避けるようになる。このときは米朝間で核放棄の約束や制裁解除の話は避けるので、朝鮮半島では何も起こらない。いまの状態が続くので北朝鮮は弾道ミサイルの発射を続ける。米朝間ではトランプ大統領と金正恩委員長の間で親書の交換は続くので、米国は「軍事オプション」に踏み切る可能性は低い。

第三のシナリオは、米朝協議は続くが核兵器放棄と体制保証の協議がまとまらず、米朝協議が決裂してしまうシナリオである。その結果、トランプ大統領がしびれを切らし米国が軍事力を行使して北朝鮮の体制は崩壊する。米国は特殊部隊を使用し、日本や韓国といった同盟国には相談をしないで実行する。中国が介入する前に、作戦は終了してしまう。

3つのうち、どのシナリオになるのか。考えるべきであるのは、日本にとり最大の地政学的リスクはなにかということだ。朝鮮半島で戦争が起きる可能性はゼロではないが、1パーセント以下だろう。むしろ、リスクは日本が役割を果たす機会を失ったまま負担を求められる場合だ。軍事衝突は起きないが日本だけが対話の流れに乗ることなく国際社会で孤立し、発言力を喪失してゆきながら、日朝首脳会談は開催されることなく、朝鮮半島の安定のために日本が北朝鮮問題で経費負担を求められる場合である。

韓国は自国防衛と称して軍の装備近代化を推進する。2020年から5年間をかけて軽空母と垂直離着陸機の導入などを検討する。米国との対決姿勢を続ける中国は、北朝鮮と一層緊密な関係を築くので、北朝鮮経済を支える側に回る。ロシアは中朝関係強化を見ながら北朝鮮の鉄道インフラ工事を拡大する。2019年と同様、中ロの北朝鮮支援競争が続く。その結果、北朝鮮の大量破壊兵器開発が加速する。日韓関係は悪化したままで、米国は「アメリカファースト」のスローガンのもと、日韓関係には介入しない政策を続ける。このシナリオは日本にとり、望ましい展開ではないが、可能性は高い。

2020年、北朝鮮は潜水艦発射弾道ミサイルを完成し、強気の軍事、外交、経済政策を展開する。北朝鮮、ロシア、中国が協力関係を強化する。北朝鮮との対話を重視するあまり米韓摩擦に直面した文在寅政権は、米韓同盟を縮小する道を検討する。そうなると、米韓同盟は大きな転機を迎えることになるだろう。

2 南北は朝鮮半島統一をめざす

日本では「南北の和解などは起きない。韓国民の気持ちは北朝鮮に対して冷えきっている」という見方が、意外なほど多い。南北関係改善は限界があるという見方である。たしかに朝鮮半島では1950年、同じ民族同士が戦争を戦った。しかし、韓国の人口の過半数は朝鮮戦争以後に生まれた人々である。朝鮮戦争の記憶はないので、経験に基づいた南北間の憎しみは世代交代とともに減っている。むしろ自尊心と自立心が強い朝鮮半島の人々は、周辺諸国に干渉されないために統一国家を建設したいという願望が強い。南北の経済格差が大きいので韓国の人々は北朝鮮との対話を冷静に見ている。しかし、いったん南北和解のプロセスが始まれば、韓国では一挙に統一願望が噴出してしまうだろう。北朝鮮との首脳会談に成功した韓国の政権は南北首脳会談の直後に一挙に支持率が上昇している。

文在寅政権には盧武鉉政権を支えていた人材が多数はいっているが、盧武鉉大統領は2007年10月4日、平壌を訪問して統一を意識した「南北関係の発展と平和繁栄のための宣言」という文書に署名している。「南と北はわが民族同士の精神に従い、統一問題を自主的に解決していき、民族の尊厳と利益を重視し、すべてのものをこれに合わせ指向していくことにした」という言葉からは、南北が見ているのは朝鮮半島統一であることがわかる。

2019年8月5日、文在寅大統領は首席補佐官会議で「南北経済協力で平和経済が実現すれば、われわれは一気に日本の優位に追い付くことができる」「南北がともに努力していくとき、非核化とともに朝鮮半島の平和の上にともに繁栄できる」と語った。南北和解のプロセスが確実なものになれば、日韓関係が悪くても、米韓の摩擦が拡大しても、米韓同盟と在韓米軍の存在意義は低下するという発想が見える発言ではないか。

２０１９年8月15日に文在寅大統領が行った演説は、統一を意識した内容だった。「南北協力で人口8千万人の単一市場を創設し統一に至れば、世界経済6位圏に浮揚できる」「釜山から北朝鮮の羅津を経てロシアをつなぐ航路や、開城など北朝鮮内の先端工業団地の開発を推進する。それは、低成長と少子高齢化の解決にもつながる」「韓国経済の新たな成長エンジンをつくる」と訴え、「32年夏季五輪は南北で共同開催し、45年には統一をめざす」との言葉からは、文在寅大統領の視線はひたすら北朝鮮に向いていることがわかる。

北朝鮮は金日成時代から朝鮮半島統一をめざしてきた。１９４８年9月の建国以来、一貫している。１９５０年の戦争は在韓米軍が去ったあとスターリンと毛沢東の支援をとりつけた上での統一のための戦争であった。北朝鮮の軍事戦略、憲法、労働党規約、南北が交わした主要な文書（１９７２年の7・4共同声明、１９９１年の南北基本合意書、２０００年の南北共同宣言、２００７年、盧武鉉政権下の「10・4宣言」、２０１８年の板門店宣言、平壌宣言など）はすべて、朝鮮半島統一をめざし、そのプロセスを具体的に提示した文書であった。北朝鮮の軍事力建設はすべて「朝鮮半島統一のために米国が軍事介入するとき、米軍の作戦を阻止するための装備を保有すること」に照準が合っている。潜水艦発射弾道ミサイル、大陸間弾道ミサイル、大型潜水艦建造、コールドローンチ技術の取得などの開発状況は、北朝鮮が米国に対する核抑止力を獲得すること、そのさきには北朝鮮主導の朝鮮半島統一を想定していることがわかる。2019年、北朝鮮が潜水艦発射弾道ミサイルを何度も発射したのは、究極の戦略核を保有する最終段階に到達しているからではないか。

　では日本はどうすればよいのか。日本を含む米国、中国、ロシアなどの周辺諸国は、南北融和が進んでゆくことに対して反対しても意味はない。なぜなら反対しても南北間のやりとりで統一に向けた和解は進んでゆくのだから。反対することのリスクのほうが大きい。2018年1月のピョンチャン五輪での合同チーム結成、米国が傍観した状態での南北間のやりとり、そしてその後の首脳外交ラッシュという展開がそのことを教えてくれた。

　南北が統一に向けて動き始めるときはそれほど遠い将来ではないのかもしれない。その先の話ではあるが、日本は統一コリアと良好な関係を持つことが日本の国益にかなう。日本には戦前、朝鮮半島の近代化に努力した経験があるのだから。

3　北朝鮮崩壊の兆候なし

　2020年、米国が北朝鮮を軍事攻撃する可能性はきわめて低い。ISの最高指導者に米国の特殊部隊が作戦を敢行したが、朝鮮半島問題は違う。米国が北朝鮮を軍事攻撃すれば、北朝鮮は崩壊するだろう。しかし、それは韓国が許さない。韓国に相当の犠牲者が出ることを覚悟し、南北融和の道を捨て、米国の作戦に韓国が同意することは考えにくい。2019年秋、韓国の光化門前に集まり韓国の太極旗と星条旗をかざして「文在寅下野」を叫んだ韓国の保守グループでさえも、米国が中心となって同じ民族の北朝鮮を韓国の同意なしに軍事攻撃することに同意するようには思えない。トランプ大統領自身も、2019年5月、北朝鮮が発射した短距離弾道ミサイルについて「小型の兵器だから心配ない」と語り、除去すべき対象とは見ていない。

2020年、北朝鮮経済が内部から瓦解することはあるのだろうか。2019年9月、日本からの観光ツアーに参加して平壌に行ってみた。マスゲームは100ユーロの入場券を払って観客席に座った。周囲はヨーロッパ、ロシア、中国から来た観光客で満員の盛況だ。周到に準備されたマスゲームは多くの経費と訓練の時間を投入していることがわかった。10万人の演技者を動員して整然と一糸乱れずマスゲームを挙行できるのは、世界でも北朝鮮だけだろう。このマスゲームと大同江の遊覧船ディナーは平壌観光の目玉らしい。外国人専用のホテルである高麗ホテルには大型バスが並んでいる。外国人のための観光商品を魅力あるものにしたいという話を聞いた。「平壌市内、レンタサイクルツアー」まであるそうだ。

観光客は以前よりも無理がきくようだ。夜10時に閉まるレストランに「松茸が食べたい」といって、日本人4人が9時50分に到着して午前0時くらいまで飲食してしまった。そのあと、深夜0時の平壌駅前の地下道を日本人4人が歩いた。もちろんガイド付だが。「厳しい規制の下にある北朝鮮社会」という印象はない。平壌の街角の看板には、「自給自足、自力更生」の文字が目立つ。国連制裁下でも自力でやってゆくというキャンペーンだろう。一般向けの百貨店には食品が並び、中国から入った日本の食品が揃っていた。原付自転車に乗る人が目立ち、市民の服装は華やかだ。「制裁下の非常体制」ではなかった。中朝友好を強調する新発売の切手が人気だ。みやげ物店では中国語が氾濫していて中国の影響力の大きさを感じた。中国はいろいろな方法で北朝鮮経済を支えているのだろう。北朝鮮内を駆け足で見ただけだが、国際社会の制裁によって困窮、混乱した北朝鮮が2020年、いよいよ核兵器開発を諦めるときがくるという予測をここに記すことはできなかった。

北朝鮮は何をめざすのか。これまで2つの解釈があった。

第一の解釈は、北朝鮮で三代続いた金体制は、軍事境界線から北側の体制を維持することを目標とする。米国の軍事力の脅威にさらされてきた北朝鮮は、恐怖心から核兵器を含む軍事力の強化をしてきた。金正恩体制に対する保証を確実にしてもらえば、共存政策への転換、核兵器の放棄に踏みきるだろう。いままで踏みきることがなかったのは、北朝鮮に交渉戦術が不足していたのと、国際社会の北朝鮮問題のノウハウ不足と米国による圧力が原因だったという解釈である。

しかし、体制保証をしてもらっても北朝鮮にとって核保有の意義は変わらない。なぜなら核保有国の米国に対する核抑止力を持つかぎり、自分の体制が保証されるのだから、北朝鮮は核放棄をしないことになるではないか。

第二の解釈は、北朝鮮は統一をめざして核兵器を保有したのだから、金正恩体制への保証をしても核兵器を放棄することはないという解釈である。軍事力強化は金正恩体制維持のために必要であり、米国から体制保証を獲得したいと考えているのは事実だが、そのときの体制とは軍事境界線の北側の体制だけを意味しているのではない。朝鮮半島全体のことを体制と呼んでいる。北朝鮮にとっての体制保証とは、在韓米軍の撤退、米韓同盟終焉、米朝国交正常化、米朝不可侵協定締結を含んでいるという解釈である。確かに北朝鮮の憲法、労働党規約には「大韓民国」は存在していない。北朝鮮は一貫して米軍の韓国駐留を非難してきたし、不可侵協定締結を米国に提案してきた。米韓軍事演習に反対をし、米韓が演習を継続するとき、南北対話、米朝協議を延期してきた。南北間の合意文書には必ず統一をめざすという文言がある。北朝鮮にとっての体制とは朝鮮半島全体のことを意味している。そのことと核兵器はどのような関係があるのだろうか。

1950年に始まった朝鮮戦争は統一のための戦争であったが、朝鮮半島を統一できなかったのは米軍を中心とする国連軍が軍事介入したからだった。米国が軍事介入することがなければ朝鮮半島は北朝鮮主導で統一ができたというのが、北朝鮮内部の評価だろう。ハイテク戦争の時代である現代においても、核兵器には抑止力という重要な機能がある。北朝鮮は米国の首都に届く核兵器を保有すれば、米軍は朝鮮半島への軍事介入を断念するかもしれないと考えた。そのとき北朝鮮は米国の軍事介入を阻止することができれば、対米戦争で勝利することもないが、米国と一戦を交えることなく、朝鮮半島の統一が可能であると考えた。このように核兵器を柱にした統一戦略ができたのが金日成時代である。

北朝鮮にとってトランプ大統領と文在寅大統領から軍事境界線の北側の体制保証を得ることは簡単なことだ。ワシントンとソウルに北朝鮮にとって願ってもない指導者が登場したのに、北朝鮮が一挙に米朝、南北の関係を正常化させない理由は、北朝鮮の対米政策の目標が米国の朝鮮半島での軍事的役割の終焉にあるからだろう。

2019年、北朝鮮は韓国との対話には消極的になったが、それは外交努力を対米関係に集中しているからであり、北朝鮮にとって韓国は朝鮮半島統一のパートナーであることはまちがいない。2018年9月、南北関係に大きな進展があった。板門店の自由往来を約束する軍事当局同士の合意書に南北の軍事分野のトップが署名したのである。韓国の宋永武国防相と北朝鮮の努光鉄人民武力相が9月19日、非武装地帯（DMZ）にある監視所の試験撤収、板門店の共同警備区域（JSA）の自由往来などに合意した。南北は具体的な信頼醸成措置を進める文書に署名をした。北朝鮮は朝鮮半島統一の条件作りとして、対米、対南政策を構築し、核兵器をつくっている。北朝鮮はなにをめざすかを知ることは金日成時代から一貫している北朝鮮の体制の本質を知ることでもある。

4　日本の出番だ

2020年、北朝鮮の崩壊の兆しはなく、米国による北朝鮮への軍事攻撃の可能性は見えない。南北融和は冬季五輪のときと比べるとトーンダウンしているが、それは北朝鮮の交渉戦術の次元のことだ。では日本はどうすべきか。安倍総理は2019年9月24日、国連総会で、北朝鮮問題に関して、拉致、核、ミサイルといった懸案を包括的に解決して、不幸な過去を清算し、国交正常化を実現すると述べた。4つの課題があることを指摘して目標は国交正常化であるとした。

具体的にどうすべきか。2002年9月の日朝平壌宣言の趣旨を確認したものだ。日本はインド太平洋構想を打ち出してきたが、いま日本は防衛、外交、経済、政治のすべての分野においてインド太平洋の北に位置する国家、すなわち北朝鮮、韓国、中国、ロシアとの間で多くの課題を抱えている。日本はインド太平洋地域における構想に加えて、北方に位置する国家や地域に対する日本の役割を語る必要があるだろう。日本は「北方政策」の構想力が問われている。特にそれらの国家の中で唯一日本との間で国交のない北朝鮮と直接向き合うことが重要である。

2020年、北朝鮮は引き続き米朝協議を模索する。しかし、金正恩委員長は北朝鮮への制裁解除を先行させたい。トランプ大統領は北朝鮮非核化に関して実質的な譲歩を勝ちとりたいし、金正恩委員長との対話を続けるだろう。大統領選挙を11月に控えており、企業人であるトランプ大統領は、「北朝鮮との戦争を開始した大統領」にはなりたくはないだろう。むしろ、トランプ大統領は民間企業が北朝鮮に進出する機会をうかがっており、北朝鮮の観光開発は米国の民間企業に担当させたいのだろう。朝鮮半島の緊張緩和と北朝鮮の経済再建は、韓国、中国、ロシアにまかせるのではなく、米国が優先的に果たしたいのがトランプ大統領なのである。延々と米朝協議を続けることは大統領選挙を控えたトランプ大統領と、戦争を回避して核兵器を完成したい金正恩委員長にとっては、最善のシナリオであるのかもしれない。その過程で米朝終戦宣言、連絡事務所設置、部分的な制裁解除、核施設の一部放棄などが決まることはありうる。

日本が朝鮮半島の虚々実々のかけひきのカヤの外にならないためにも、日本は大胆な政策構想を打ち出すべきだろう。例えば、英国やドイツのように北朝鮮と最初に国交樹立をして、人権問題、核問題で直接の外交活動を行う。経済支援の実行は先であってもかまわない。そのロードマップを描くのが国家戦略というものではないだろうか。

第11章　韓国―文在寅はどこへ向かうのか

松川るい

1　はじめに

東アジアでは、目まぐるしい情勢の変化が起きている。２００８年頃から、中国公船が頻繁に尖閣諸島に領海侵犯を始めた。２０１２年9月、日本が尖閣諸島を国有化してから中国の領海侵犯は常態化している。当初は、領海侵犯のたびに新聞でも報じられていたが、今ではほとんど報じられなくなった。中国側の野心が変わっているわけではない。当時、中国は「日本側には慣れてもらう必要がある」と言っていたが、本当に日本がそのような状況に慣れてしまい変わってしまったのである。また、２０１９年8月23日、韓国は米国に事前通告もなしにＧＳＯＭＩＡ（軍事情報包括保護協定）破棄を決定した。今まで最大の同盟国であった米国は激怒し、日韓関係だけでなく米韓関係も大きく悪化している。北朝鮮では、同年10月3日、「新型」の潜水艦発射弾道ミサイル（ＳＬＢＭ）の発射試験に成功したと国営朝鮮中央通信が発表した。北朝鮮に対する脅威の質も変化している。現在、東アジアは大きな歴史的転換点に置かれているのである。

四方を海に囲まれている日本にとって、古来より脅威は日本と最も距離の近い朝鮮半島から来るのが常であった。そのため、日本の安全保障政策は、いかに朝鮮半島に日本の敵となる勢力を置かないようにするかが基本であった。歴史を遡れば、白村江の戦いで日本・百済遺民の連合軍が唐・新羅連合軍と戦い、中国大陸からの脅威を排除しようとした。しかし、日本・百済遺民の連合軍は敗北してしまい、日本は防衛のために慌てて防人を九州北部に配置した。12世紀の元寇でも、モンゴル軍は朝鮮半島を拠点に日本へ襲来し、近代では、朝鮮半島で影響力を拡大させようとしていた中国とロシアを退けるために日清・日露戦争で戦った。それでも、大韓帝国の政情が安定しなかったため、安全保障上の理由から、日本は韓国を併合へと踏みきった。朝鮮半島は、古来より日本の安全保障政策の中心であった。

2 変化する日韓関係

その朝鮮半島をめぐって、現在、日本と韓国の関係は、1965年の日韓基本条約による国交樹立以来、大きな再調整の時期に入っている。その発端は、2018年10月30日と11月29日に、日本の最高裁判所にあたる韓国大法院が下した旧朝鮮半島出身労働者に対し日本企業へ損害賠償の支払等を命じる下級審判決の確定であった。旧朝鮮半島出身労働者とは、第2次世界大戦中、日本の統治下にあった朝鮮または中国の日本企業に募集または徴用された元労働者のことである。彼らとその遺族が、当時の元労働者へ賃金も支払われず、奴隷のような扱いを受けたとして、現地の日本企業を相手に訴訟を起こしたのである。しかし、これらの問題はすでに1965年に日韓基本条約と同時に締結した日韓請求権協定第2条にて解決済みであり、日本政府は明らかな国際法違反として韓国政府へ遺憾の意と是正の措置を求めた。2019年1月9日から日本政府は、この問題を解決するため韓国政府に対し日韓請求権協定に基づく正式な外交協議を求めたが、韓国政府は4カ月以上まったく応じなかった。日本政府は協議による解決は難しいと判断し、5月20日、日韓両国が設置する仲裁委員会に解決を求めるため韓国政府に要請した。しかし、韓国はそれにも応じず、一方的な提案を繰り返すのみで、解決の糸口は今日に至るまで見えない状況が続いている。

これまで、日本は日韓両国の信頼関係に基づいて、2004年から韓国を旧ホワイト国（2019年8月2日より「ホワイト国」という名称が「グループA」に、非ホワイト国は、「グループB、C、D」に変更）に指定し、韓国への輸出手続を包括的に許可する優遇措置をとっていた。しかし、2019年7月1日、日本政府は、韓国に対するこの優遇措置を中止する手続きを開始し、閣議決定を経て、8月28日から韓国をグループBに変更した。それは、韓国の主力産業である半導体やディスプレイ製造に不可欠なフッ化ポリイミド、レジスト、フッ化水素の輸出などについて、韓国を包括輸出許可制度の対象から外し、個別の輸出許可申請の請求と輸出審査を行うものであった。あくまでも禁輸措置ではなくただの優遇措置解除である。しかし、韓国は、自国の経済に大きな影響を与えることを懸念して日本へ猛烈な抗議を行った。

韓国に対する優遇措置解除の理由として、日本政府は、まず1つ目に韓国側の輸出管理制度に不十分な点があることを指摘している。従来、日韓では意見交換を通して、韓国側と制度や運用の改善を行ってきた。しかし、近年は日本から申し入れをしても、十分な意見交換の機会が得られず、今回輸出許可を必要とすることにした製品分野においても韓国に関連する輸出管理を巡り不適切な事案が発生していた。2つ目に、旧朝鮮半島出身労働者問題について、2019年6月のG20までに満足する解決策が示されず、信頼関係が著しく損なわれたことが挙げられる。したがって、国際的な信頼関係を土台として構築されている輸出管理制度について、韓国との信頼関係を前提とした取り組みが困難になっていると判断し、安全保障上の理由からその運用を見直す必要があり、あくまでも旧朝鮮半島出身労働者問題に対する「対抗措置」ではないことを説明している。

例えば、台湾は日本ときわめて友好的であるにもかかわらずAチームに指定されていない。それは、中国との取引があまりにも多いからである。それと同様に、韓国が北朝鮮へ機微物資を流出させる恐れがあるのであれば、Aチームに指定し続けることが難しいのは当然である。少なくとも、台湾と比べて現在の韓国が優遇される理由を見つけることは困難である。

また、韓国は日本の優遇措置解除を貿易ルールの恣意的な運用やWTO違反の可能性があると指摘している。しかし、WTOとの関係ではGATT（関税及び貿易に関する一般協定）21条において、軍事転用可能な機微物資の輸出管理は、安全保障のための例外として明確に規定されており、日本や韓国を含む各国は、これに基づき長期にわたり輸出管理を行ってきている。今回の見直しは、国際合意に基づいた輸出管理の不断の見直しの一環として、従来韓国に対して実施してきた優遇措置をやめ、他国と同様の通常の輸出管理上の扱いに戻すだけであり、韓国向けの禁輸措置ではない。したがって、貿易ルールの恣意的な運用やWTO違反とはならないのである。

そうした中、2019年8月23日、韓国はGSOMIA破棄を決定した。GSOMIAは、日韓の軍事機密情報共有を可能とする協定である。しかし、情報共有の枠組みを策定しているのではなく、軍事情報のやり取りを迅速に行うための情報保護についての取り決めである。つまり、交換する情報の内容については、両国が了承済みで、アクセスできる人間も限定されている。このような取り決めを行うことにより、日韓の間で情報漏洩を最小限にし、両国の軍事機密情報共有をリアルタイムでスムーズに行うことが可能としているのだ。

韓国のGSOMIA破棄は、単に「北朝鮮において、もはや日米韓協力の必要はない」という限定的なメッセージを送っているだけなのかもしれないし、もしくは現在の米朝関係を見据えて、日本を排除した「南北朝鮮プラス米国」を想定しているのかもしれない。しかし、実際問題、日本との協力を抜いて、東アジアの安全保障体制やインド太平洋戦略を実施することは困難である。今回の破棄の意図はともかく、解決ができない状態が続けば、いずれ韓国は中国側へとシフトチェンジしていく可能性が高くなるだろう。

GSOMIAの破棄は、運用上の問題もさることながら、対外的に日米韓の連携に綻びが生じたことを意味する深刻な問題である。米国は再三にわたって韓国にGSOMIA継続を訴えてきた。しかし、韓国は米国の要望を無視して米国の威信をも傷つけた。韓国にとって、もし北朝鮮を短期的脅威、中国を中長期的脅威と考えるのであれば、GSOMIA破棄は、韓国自身の安全保障上の利益に反する行動に他ならない。しかし、韓国が合理的行動ととらえるのであれば、韓国は北朝鮮も中国も長期的には脅威とならないと考えていることになる。

そうであれば、GSOMIA破棄を聞いて一番喜んでいるのは、中国であろう。それは、東アジアにおける米国の影響力の低下を表しているからである。また、北朝鮮は喜びと同時に、文大統領が北朝鮮にとって最悪の事態の1つである韓国主導の南北統一を真剣に考えているのではないか、と心中穏やかではないかもしれない。

それでは、韓国政府はなぜGSOMIA破棄の決定を下したのであろうか。

今回のGSOMIA破棄決定は、文大統領のイニシアティブと考えられる。その理由は、文大統領のアジェンダが大きく影響しているからである。文大統領には2つの長期アジェンダがある。1つは南北統一の実現と、2つ目は社会の主流派を親米親日の保守派から左派革新に変更する積弊清算の双方を推進することである。

GSOMIA破棄は、安全保障の観点から考えれば、韓国にとって危険な賭けである。それは、韓国にとって北朝鮮の脅威が必ずしもなくなったわけではないからである。しかし、文大統領は南北統一を悲願と考え、むしろ、日本の輸出管理運用見直しを奇貨として、短期的には韓国に不利益であっても、南北統一のためであれば、日本を「敵」にしてさまざまな統一のために必要なアジェンダをこなすことを合理的行動と考えていると思われる。いずれは米国からも一定の距離を置くこととなるのだから、そのきっかけを自分で作るより日本のせいにしてしまう方が良いと考えているのだろう。また、韓国は往々にして日本のことについては、戦略的判断よりも感情とか「正義」を優先する。今回もその一例であるのかもしれない。また、両国のケンカの仕方、つまり、大げさに振りかぶって相手をひるませるというやり方である。これでは、米国も呆れていることだろう。

文大統領は、「左のトランプ」ともいうべき存在である。北朝鮮からミサイルを連射されようと、ひどい言説で貶められようと、まったくぶれることなく一貫して南北統一を進めようとしてきた。最近になって、北朝鮮が韓国に対して「米朝問題に勝手にしゃしゃり出てくるな」といった厳しい言説を繰り広げているのは、北朝鮮が韓国主導の半島統一を本気で恐れているからだろう。GSOMIA破棄も、日米韓協力の綻びや米韓同盟の弱体化につながるという意味では、北朝鮮は歓迎するところではあるが、韓国主導の南北統一は何としても避けたいところであろう。

金正恩委員長はリアリストである。「民族の夢」などよりも、金王朝の存続の方が大事だ。無論、北朝鮮主導の統一ならウェルカムだが、南北統一は行き過ぎると諸刃の剣だとわかっているのだ。北朝鮮国民が豊かな韓国と自由に行き来できるようになったら、どのようなことが起こるかわからない。北朝鮮からすれば、核兵器やミサイルを温存したまま米国との関係を正常化し、金王朝と北朝鮮の安全と経済的繁栄を実現することが優先事項なのだ。韓国の存在価値は、短期的には、この金正恩のアジェンダにどう貢献できるかという観点から測られるに過ぎないのである。

3 日本が韓国に取るべき道は

日本は韓国に対し、韓国を日本と価値を共有する準同盟国として安全保障面も経済面でもウィンウィンの協力関係が構築でき、さらには、日韓が北東アジアを平和で繁栄した地域とするために連携することができればベストである。しかし、現状、そうすることは非常に難しいであろう。したがって、日本の現実的で短期的な目標は、次の通りである。

最初に、旧朝鮮出身労働者問題判決について、韓国政府自身がお金を拠出して解決し、現在の日韓関係の土台である日韓請求権協定が崩れるような事態を避けること。次に、韓国に今後反日行為をさせないこと。最後に、上記に加え、韓国が日米韓陣営にできるだけ長く留まるようにすることである。

上記の目標を達成するには、確信犯的極左親北政権といえる文政権がこれ以上勢力を伸長しないことも重要だろう。ところが、今や、日本は輸出管理運用見直しの正当化のために多大な時間を割かれ、本来の目標達成からかけ離れてしまっている。当初、韓国が日本に対して持っていた目標は「日本に旧ホワイト国外しを撤回させる」というきわめて限定的なものであったかもしれない。しかし、文大統領とその側近は、反日を奇貨とする南北統一と、その前提条件ともなる米韓同盟からの離脱をめざしているように見られる。経済的にほとんど影響がないであろう輸出管理運用見直しの対抗措置として、米国を敵に回しかねないGSOMIA破棄は、割に合わないからである。

さらに、日本の中長期的な目標としては、韓国がいずれ米韓同盟から離れ中国の影響下にある国家になっていく可能性を想定した上で、いかに日本にとって、害の少ない状態を作り出すかということである。第一に、対馬を防衛ラインとする安全保障体制を強化すること。次に、朝鮮と独自の関係構築をめざすことである。しかし、今は、できる限り韓国が日米韓の枠組みに留まるように最善を尽くすべきである。地政学的に隣国を味方陣営に留めておくことは日本の国益に他ならないからである。

2019年10月3日、首都ソウルで大規模な文大統領退陣デモが起こった。このデモが示すように、韓国人の中にも、韓国の行く末を心配し、「GSOMIA破棄は韓米同盟弱体化の高速道路であり、北朝鮮や中国、ロシアに近づこうとする文政権には韓国を任せられない」という認識を持つ人々もたくさん存在する。韓国を、日米間側に留まらせるには、こうした韓国国民自身の力が必要だ。韓国の運命は韓国国民が決める。しかし、そのためには正しい情報を持つ必要がある。しかしながら韓国現地での報道は、大きなバイアスがかかっているのが現状である。

それでは、日本が「今」行うべきことは何か。それは、世論戦である。世論戦はまだまだ不足している。それは、国際世論戦と対韓国世論戦の双方である。韓国では、「過去の悪行をまったく反省していない日本が、今度は一方的に韓国に対し自由貿易に反する経済的攻撃を仕掛けてきた」と発信し続けている。日本は、世論戦において物量でも統一性でも大きく負けている。韓国の扇動に対し、過度な反応は慎まなければならないが、韓国世論や国際世論に対しては、より積極的な対処を行わなければならないだろう。今後、GSOMIA破棄によって米国の対韓論調に大きな変化が起こることは間違いない。したがって、米国を味方につけるように世論戦を展開することを考えなければならないのである。また、日本政府も難しいかもしれないが「日本は、長年本当に真摯に努力をしてきた。しかし、韓国は反日のための反日を続けている。この延長線上に日韓の未来はない」といった、心に訴えるようなメッセージを発信し続けていく必要があるだろう。

日韓関係において、以前は日本が圧倒的な経済力を誇っていた。しかし現在、1人当たりGDPは日韓ほぼ同じにまでなり、韓国は日本に対し遠慮することなく対等に発言をするようになった。日本でも贖罪意識は薄れ、韓国からの理不尽な対応に国民の間でも韓国を特別扱いする意識が薄れてきている。つまり、これからの日韓関係は、距離感を持った大人の関係をめざすべき時期に入ったということである。東アジアでは、中国の力が圧倒的に強まっている。

さらに今後、日本が東アジアの中で生き残るために最も重要なことは、米国との関係である。北朝鮮によるSLBM発射は、北朝鮮の脅威の質を大きく変更した。日本は、日本を侵略させない国力と防衛力を維持しながら近隣諸国とバランスを保った外交を展開していかなければならない。中国、ロシアに対しても同様の対応をする必要がある。そして、何よりも米国は日本に対し領土的野心を持たない、価値観を同じにする貴重な同盟国だ。しかし、このところ軍事的オプションがないことを見透かされたこともあり、米国のレバレッジは北朝鮮に対してもイランに対しても低下している。米国は北朝鮮に非核化を諦めたとも見られているのかもしれない。

今後の日本は、朝鮮半島と同様に、最近温暖化の影響で現実味が増している北極海航路からの脅威も考慮した上で、日本海を北に向けたシーレーンととらえる安全保障体制を考えていく必要もあるだろう。そして、アジア近隣とのますます創造的な外交が必要となるだろう。

第2部

テーマ別予測

第12章　シャープパワー——米中露の世論争奪戦

石澤靖治

1　中国とシャープパワー

　このテーマの「シャープパワー」という言葉については、必ずしも人口に膾炙しているとは言い難い。そこで本稿では最初に簡単にこの用語の定義をしつつ、稿を進めていく中で折に触れ改めてその考え方を示していくことにする。

　シャープパワーとは中国やロシアを念頭において、2017年末にアメリカで指摘された概念である(1)。中国の場合は中国に対する批判的な言論封じの活動をさし、ロシアの場合はアメリカ主導の国際世論形成に歯止めをかけつつ、ネットを駆使したいわゆるフェイクニュースによってアメリカによる「正常な」世論形成を妨害して混乱に陥れるという戦略のことを指す。言葉の定義としては対義語とは言えないのだが、これまでよく使われてきた「ソフトパワー」を意識してその語源になったのだと思われる。

　この言葉を具体的に説明するために、中国の場合は中国語や中国文化教育機関である孔子学院を中核とした世界各国での世論工作を挙げておこう。この孔子学院とは2004年に中国政府が対外文化戦略の柱として世界への設置を開始したものである。そのシステムは、まず中国の大学が海外の大学と孔子学院設置について協定を結ぶ。すると中国政府の国家漢語国際推広領導小組弁公室（「漢弁」）が初期資金の10万ドルを提供しつつ講師を派遣し、海外の大学が用意した施設で講義を行うというものだ（継続して資金が提供されることも多い）。そして2018年12月の時点で、世界154カ国・地域に、孔子学院548校、幼稚園生から高校生までを対象にした孔子課堂1、193校が設置され187万人が学んでいる(2)。

国家が自らを売り込んでいくことは「パブリックディプロマシー」と言われ、「文化外交」「広報外交」などと訳される以前から存在する手法である。ただ近年は情報・イメージの時代となり、自国の文化や言葉を海外に広める国家の戦略として、多くの国々が採用している。したがってこうした活動自体は、国家としては当然の行動である。中国の孔子学院は、他国からみた場合は後発であり、以前にイギリスはブリティシュ・カウンシル、ドイツはゲーテ・インスティテュート、フランスはアリアン・フランセーズなどが同様の活動を展開している。

しかし中国の孔子学院の世界への普及は爆発的であり、その数はこれらの機関を数で圧倒している。またその展開も巧みである。例えば中国が進める広域経済圏構想「一帯一路」を展開する場合に、事前にその対象となる国に孔子学院を設置して中国への親しみをわかせておいて進出を容易にする。例えば中央アジアでは一帯一路の対象となる国々には、まんべんなく孔子学院が設置され、事前に中国支持の世論固めを行ったことが知られている。欧州連合（EU）加盟国では、海の一帯一路で重要な位置にあるイタリアの親中的な姿勢が顕著だが、イタリアではローマ、フィレンツェ、ミラノなど主要都市に孔子学院がすでに設置され、孔子課堂の設置数はＥＵ加盟国の中で最大である。

ただこれだけであるならば、中国の巧みな文化外交あるいは世論獲得戦略と評価すべきものである。しかしそれがシャープパワーとして危険視されるのは、この孔子学院がそれぞれの国において、中国に批判的な言動を監視し、阻止するための中心組織として機能していると認識されているからである。

中国にとって「香港」「台湾」「新疆ウィグル自治区」「チベットのダライ・ラマ」「中国における言論の自由」などのテーマについて、他の先進諸国から指摘や批判を受けることはぜひとも避けなければならない。中国政府は国内ではそれらを言論と教育の統制によって封じているが、海外において、これらについて中国の方針に異議を唱えるような言論をみつけた場合には、それに猛烈に抗議するか、つぶすかの活動を行ってきた。その際にその発信源がそれぞれの国の学者やジャーナリスト、学生の場合もあれば、それぞれの国で暮らす中国出身の学者、中国人ジャーナリスト、中国人留学生である場合もある。そのいずれであっても、そうした動きを見つけた際には、孔子学院と中国の在外公館、中国共産党中央統一戦線工作部が中心となって阻止する。そして前者に対しては猛烈な抗議を、後者に対しては中国当局のコントロール下にある中国系の現地の学者や留学生が、「反中国的」な言動であるとして組織的な抗議や脅迫を行うのである。またそれと連動して、そうした行動をとった人が中国本土に残してきた家族を締め上げることで言論を封じようとすることもある。

2　オーストラリアで起きたこと

それらはアメリカで近年頻発している事例であるが、オーストラリアではさらに強く中国が「シャープパワー」を行使している。シャープパワーにはこれまで述べたことに加えて、政治にまで関与して中国を批判する言論を封じ込む行動を含むとする解釈がある。その典型がオーストラリアである。オーストラリアは海外に対してオープンに人材を引き込んできた。そのため地理的な近さもあり中国系の住民が多い。そして彼らがビジネスで財をなす中で、オーストラリアの政治にも関与するようになる。オーストラリアでは他の先進諸国に比べると外国人からの政治献金に対する規制が弱い。そのため中国系ビジネスマンが政治的資金を提供することで豪政界に影響力を持つようになる。中でもよく知られているのが周澤榮と黄向墨である。豪公共放送ABCの調査によれば、自由党とその連立与党、そして野党の労働党に2013年から15年までの間に少なくとも550万豪ドルを献金していたと言われている。

それが単に彼らのビジネスを有利に進めるためのものであるならば、金まみれの政治というどこにでもある話で、シャープパワーと呼ぶようなものではない。ところがそれが中国との外交政策に大きな影響を与えているために、シャープパワーとして注目されるのである。また黄はシドニー工科大学に寄付して豪中関係研究所（ACRI）を設立。前外相のボブ・カーを所長に据えた。そこには中国の要人が頻繁に訪れてオーストラリアの政治的拠点の1

つとなる一方で、ACRIがスポンサーとなってオーストラリアの有力ジャーナリストを無料で中国への取材旅行に招待するということも行った。こうしたことから、オーストラリアの対中批判は、政界からも言論界からも一時期はほとんど消えた。中国にとって都合の悪い言論が大学で展開された場合の、中国側からの抗議活動も他国並みかそれ以上である。そうした政治環境の中、中国に対する問題点を指摘したチャールズ・スタート大学のクライブ・ハミルトン教授による、『Silent Invasion（静かなる侵略——オーストラリアへの中国の影響力）』の出版が再三にわたって自粛されたこともあった（最終的には2018年に出版）。こうしたことが「シャープパワー」として危険視される所以である。

なお、いうまでもないことだが、オーストラリアにも孔子学院は設立されている。その数は14でありアメリカに比べれば少ない。だがオーストラリアの大学の総数は41校だからその3分の1に孔子学院があるということになる。また同国ではトップ8大学というのが名門大学とされているが、その6つに孔子学院がある。そして中には中国担当の副学長を置いているところもある。

3 ロシアとシャープパワー

ロシアの場合は、中国の孔子学院のように世界中に張り巡らせた「ロシア学院」のようなものはない。しかし2つの武器で特にアメリカを中心に世論工作を進めてきた。1つは実質的な国営国際放送テレビ局であるRTである。この放送局はイギリスのBBCやアメリカのCNNがテレビによる国際放送の主導権を握る中で、「ロシアにとって好ましくない（米英のバイアスのかかった）国際ニュースが報じられることで、ロシアは世界から悪役にされているという」プーチン大統領の不満のもとに設立されたものだ。確かにBBCやCNNによってイギリスやアメリカの常識に基づいたニュース報道がなされているから、その意味ではプーチンのRTの設立（2005年末）は、多様な視点を提供するという点では大いに理解できるところではある。そのRTの報道姿勢は、米英とは違う視点で国際ニュースをとらえるものであり、そこで掲げるモットーは「さらに問え」というものである。

例えば中東のシリアでは内戦が続くが、同国にはロシアとアメリカが関与している。だがその状況は錯綜しており、第三者からみると情報の真偽や問題の是非はわかりにくい。それをこれまで米英メディアが中心になって報じてきたところに、RTという国際テレビメディアが入ってきたことで、ロシア側に立った情報も世界に向けて流されるという状況が生まれてきている。RTの知名度は日本では低いが、各種の調査によればいまや国際テレビとしてBBCやCNNと肩を並べる存在になりつつある。

米英からみれば、RTの報道は自分たちが独占してきた国際テレビ報道に待ったをかけるものであり、気に入らないものである。しかしながらRTのこうした戦略も米英の国際テレビ報道以外の視点が提示されることであり、中国の孔子学院同様、それ自体は文句をつけられる筋合いのものではない。

しかしロシアが警戒される理由がある。このRTは他のメディア同様に自社サイトを持っており、そこからも情報発信を行っており、世界のニュースサイトの中でトップランクのアクセス数をカウントするに至っていることだ。また兄弟会社としてスプートニクという通信社があり、テレビを最初の窓口としつつネットを使って受け手とのコンタクトを重ねていく中で、出所が確かではない情報や事実関係に問題のある情報を流すことで、アメリカの世論を揺さぶるケースが出てきたのである。そしてそれが意図的な行動であるとして、アメリカ側は「シャープパワー」として危険視するのである。

2016年の米大統領選ではロシアがさまざまな形で関与したことを米政府当局が指摘している。それとRTとの関係は不明だが、米中央情報局（CIA）や米連邦捜査局（FBI）などは、プーチンの肝いりでスタートしたRTが、ロシアのシャープパワーとして、アメリカの世論を攪乱する何らかの動きをしているのではないかと報告書の中で強い警戒心を示している(3)。

中露のこうしたシャープパワーの攻撃に、アメリカでは孔子学院を監督するために、米国内で活動する団体や個人に対して資金の出入りなどの報告を義務づける「外国エージェント」登録法（Foreign Agents Registration Act：FARA）という制度を持ち出した。この法律は第2次大戦中にナチス・ドイツが、アメリカで個人や組織を使って隠れて広く行ったプロパガンダを制限するために施行されたものだ。そこでアメリカはこの伝家の宝刀を抜いた。そして米司法省が2017年11月、RTアメリカに「外国エージェント」登録をするよう通告したのである。

同様に孔子学院に対しても、米議会は2018年3月にはやはり「外国エージェント」登録法の下に登録することを義務づける法案を提出した。また全米学者協会（NAS）が孔子学院の閉鎖を求める声明を出し、その結果2018年夏から2019年春にかけて10数校が孔子学院の閉鎖を決めた。

4　アメリカもシャープパワーを行使？

オーストラリアも孔子学院や国内政治への中国マネーの流入に対する危機意識は高まった。そのためアメリカのFARAの適用ほど厳格ではないが、類似する法律を適用するようになった。また孔子学院を設置する大学に対して司法省は、2019年7月、孔子学院との契約内容についての調査に乗り出した。また2018年1月には野党・労働党の幹部の上院議員サム・ダスティアリが中国人実業家の黄から金銭的な支援を受けて、南シナ海問題でこれまでの労働党の考えと異なって中国の見解に立つ発言をしたことが判明して、辞任に追い込まれた。

しかしながらシャープパワーについてのこのような記述は、アメリカ側からの主張であることを留意する必要がある。RTのところでも多少触れたが、アメリカもその実「シャープパワー的なこと」をこれまでやってきていたではないかと、ロシアも中国も反論するに違いないからである。

例えば冷戦時代においてアメリカはソ連と激しく対峙してきたが、その際にはKGBとして知られたソ連国家保安委員会に対してアメリカのCIAが暗躍していた。そしてCIAは陰でスパイ活動や世論工作も行い、また資金や武器も提供して世界に散らばる反米政権を転覆させるということがあった。また1984年にはアメリカに全米民主主義基金（NED）という非政府組織（NGO）が設立されて、政府から資金が投入された。これは世界で民主主義と自由、人権を広める活動をしている団体を支援するのが目的である。しかし特にソ連やその後のロシアからしてみれば、それは「民主主義」と「自由」に名を借りた陰の反政府支援活動ではないかという見方になる。実際に2000年前半に旧ソ連のグルジア（現ジョージア）、ウクライナなどでの「革命」では、NEDが関与している。

また中国は世界に孔子学院を広げているが、アメリカはそれ以上に大々的に英語とアメリカの価値観を広める活動を行ってきた。そこに言論統制などの脅迫はないが、体のいい洗脳にすぎないという指摘がなされるかもしれない。

これはそれぞれに一面の真理ではある。その中で重要なことは、そうしたことがこれまでアメリカの独壇場であり、他の国々には有無を言わせぬものだったが、そこに中国とロシアが手を上げてきたということである。そしてアメリカが掲げてきた価値や文化や常識に対して、それに異議を申し立てる行為を戦略的に行うようになったということである。そしてそれが一部であっても、あるいは一時的なものであっても、一定の成果を挙げた。米中ロは、情報・世論・文化という新たな戦場での戦いを展開しているということは認識すべきである。

5　シャープパワー戦争と日本の行動

では2020年にこれがどう動くかである。まず中国について。アメリカではホワイトハウスのみならず議会でも中国警戒意識は強い。したがって、孔子学院をこれまで以上に拡大することは難しい。しかしながらアメリカにも弱みがある。というのはアメリカへの海外留学生の30％を占める36万人の中国人留学生が存在しているからである。彼らがすべて中国政府の意のままに動いているわけではないが、膨大なネットワークとして機能していることは事実である。そして留学生の数はアメリカの大学の学生数の5・5％にすぎないものの、上位の大学には中国人留学生が20％を超えるところも多く、多額の学費を支払う彼らは大学にとっては貴重な収入源にもなっている。こうした構造は、アメリカ以上にシャープパワーに汚染されているオーストラリアでも同様である。

したがって、手足となって、アメリカ・オーストラリアにおける対中国世論を監視し、場合によっては攻撃するシステムはまだまだ継続すると思われる。また中国自身がアメリカとの対立の中で、自らの制度や価値を世界の中心にしようという考えはより強くなっている。したがって中国の世論工作は形を変えて激しさを増すはずである。

一方ロシアであるが、RTは今後も「さらに問え」というメッセージのもと、刺激的な国際テレビ報道を続けるだろう。ただしFARAへの登録を行ったためにその内容は米当局から吟味されるため、事実関係の確認には慎重になるだろう。しかしながら事実であるかぎり、米英にはない視点のニュースを報じることは問題がないために、その点での勢いが低下することはないだろう。同時に注目すべきはロシア政府に何らかの形で関与してネットで攪乱する情報を流し、それをRTが報じて問題を拡散させてアメリカの「民主主義」の制度に動揺を与えることであろう。2020年の米大統領選でのもう1つの大きな注目点である。

そしてここで認識しておかなければならないことは、ロシアのプーチンがこうした戦略の中心人物であることである。プーチンにとっては、自国が関与する問題で国際的に見方の分かれる可能性のあるものに関して、国際世論がロシアに味方するようにするところまでもっていく必要はない。アメリカを見据えた場合、「ロシアのやっていることにも問題があるが、アメリカのやっていることに必ずしも納得できるわけではない」というような、喧嘩両成敗的な状況にもっていき、アメリカの一人勝ちにストップをかければ十分である。それこそが「シャープパワー」の役割であり、そうして多極化が形成される中で、プーチンが外交手腕を発揮する余地が出てくるからである。

また米大統領選があっても2021年1月20日まではトランプが大統領である中で、「アメリカ的価値」に対する世界の信頼は大きく低下している。それは中国やロシアに自らの価値や言論の主張を許す余地を生んでいる。

そこで最後に日本である。日本に孔子学院を設置している大学は14校にのぼる。その中でそれらが日本の政治や言論などに介入して大ニュースになったという話は今のところ上がってきていない。それについては日本側が対中世論に対して敏感で論争を避けているためかもしれない。またロシアが日本の選挙に際して、これまでのところフェイクニュースの発信や、選挙システム自体への妨害などを行ったという情報は入ってきていない。

しかしそれはいうまでもなく、日本の対応が万全だからではなく、ロシアにとって日本はアメリカほど重要でないために、まだ介入していないからにすぎない。日本にはその備えは十分ではなく、いち早くそれに対応できるシステムを整えておく必要がある。それは日本が危機管理意識を高めることに他ならない。

同時に、これまでアプリオリにアメリカの掲げる「自由」「民主主義」「人権」という価値を受け入れ従ってきた日本が、「シャープパワー論争」が展開される中で、改めて自らが唱道すべき価値を問い直し構築する時期にあることを示している。

【註】

（1）Christopher Walker and Jessica Ludwig "From 'Soft Power' to 'Sharp Power': Rising Authoritarian Influence in the Democratic World" National Endowment for Democracy, December, 2017.

（2）孔子学院のホームページより。

（3）Office of Director of National Intelligence Background to "Assessing Russian Activities and Intentions in Recent US Elections": The Analytic Process and Cyber Incident Attribution. January 6, 2017.

第13章　ハイブリッド戦—忍びよる新たな戦争形態

志田淳二郎

1　はじめに

14年のウクライナ危機以降、世界はハイブリッド戦の時代に突入した。13年秋から14年2月にかけ、ロシアは経済的圧力、サイバー攻撃、国境付近での15万名規模のロシア軍の「訓練」を実施、やがて所属を表す標章のない緑色の迷彩服に身を包んだ謎の武装集団（little green men）がクリミアに出現、ウクライナ地方政府庁舎・議会・軍施設を占拠し、ロシア正規軍も後続展開し、半島をウクライナから物理的に分離させることに成功した。翌3月、クリミアは「クリミア共和国」としてロシア連邦に編入された。

歴史上、武装ゲリラ掃討作戦やテロとの戦いといった非国家主体が国家に挑戦する非対称戦は存在したが、ハイブリッド戦は、大規模な核・通常戦力を持つ中露のような軍事大国が非国家主体の背後にいる点において、これまでの非対称戦とは根本的に性質が異なる。中露の核・通常戦力は抑止効果を持ち、ハイブリッド戦の対象国は効果的に反撃をすることが困難だからだ。

16年4月、欧州委員会はハイブリッド戦争を、「宣戦布告がなされる戦争の敷居よりも低い状態で、国家または非国家主体が特定の目標を達成するために、調整のとれた形態での、強制・破壊活動、伝統的手法あるいは外交・軍事・経済・技術などの非伝統的手法の混合」とする定義を打ち出した。ヨーロッパがハイブリッド戦のひな型と考えているのが、「これからの戦争は非軍事的手段が主となる」とするロシア軍制服組トップのゲラシモフ参謀総長のテーゼである。14年以降のハイブリッド戦は、ユーラシアのハートランドに位置するランドパワー、中露を包み込むリムランドで頻発している。冷戦終結後、リムランド各地には米国主導のシステムか、中露主導のシステムに編入されるか、アイデンティティ・クライシスに陥っている国家が少なくなく、そこには、国際政治学者ハンチントンが提示した断層線（フォルト・ライン）が走っている。異文明間のフォルト・ライン上の政治問題が解決されることは滅多になく、工作員・武装集団・現地の親露派集団などの非国家主体や、軍事的・経済的圧力、サイバー攻撃でフォルト・ラインを刺激すれば、対象国内部にゲラシモフが言う「継続的に機能する前線」が出現する。

2　継続するウクライナでのハイブリッド戦

ロシアにクリミア半島を併合され、なお東部で紛争が続くウクライナは、「ハイブリッド戦がさらなるハイブリッド戦を呼ぶ負のスパイラル」に陥っている。14年4月にウクライナから「独立」した東部の「ドネツク人民共和国」では、教育現場で小学1年生から「ドネツク人民共和国」の5年間の「歴史」を学ぶ科目が設置されており、ロシア語も必修とするなど「ロシア化」政策が進んでいる。19年4月24日、クレムリンのHP上で、ウクライナ東部のロシア系住民や親露派ウクライナ住民に、「人権を保護するため」ロシアの市民権を付与するとの情報が掲載された。「灰色の枢機卿」の異名を持つプーチン大統領の補佐官でウクライナへのハイブリッド戦の火付け役の1人であるスルコフは、同措置を「キエフの抑圧的行動から守るため」と説明し、これにウクライナ政府は「プーチンは対ウクライナ武力行使を適用するための法的基盤を作っている」と反発した。国際法上では、在外自国民保護のための個別的自衛権発動が認められる場合もあり、クリミア併合後、ロシアはこの論理で、ウクライナ東部に軍事介入した経緯がある。

6月14日、ウクライナ政府の抗議も虚しく、ロシアはウクライナ東部の住民にロシアのパスポート発給を開始した。14年のハイブリッド戦に敗れたウクライナは、ロシアから「人道目的」の「法律戦」を仕掛けられ、さらなるハイブリッド戦の餌食となっている。

3　ハイブリッド戦に備えるヨーロッパのリムランド諸国

「スラブ文明」と「ヨーロッパ文明」のフォルト・ライン上にある北欧、バルト三国、中東欧諸国は「第二のウクライナ」となることを避けるべく、ハイブリッド戦へ備えている。

ＮＡＴＯともロシアとも距離を保ってきたフィンランドは、17年3月、軍・警察・地方自治体・公共団体を総動員し、ハイブリッド戦が仕掛けられた場合の即応体制を確認するための3つの訓練（KYMI17、OULU17、KEHÄ17）を実施した。同年秋には、ＥＵとＮＡＴＯが共同設立したハイブリッド脅威対策センターを首都ヘルシンキに設置し、ハイブリッド戦に関する調査研究体制を整備している。

バルト三国のエストニアとラトビアの主要都市には、ソ連時代の名残から、ロシア系住民が多数居住している。エストニア国内のロシア系住民の87％がハリュ県（首都タリンを擁する）とイダ＝ヴィル県に、ラトビア国内のロシア系住民の70％がリガとラトガレ地方に居住している。ロシアはバルト三国のロシア系住民に政治的影響力を強める同胞政策（compatriot policy）を推進している。人口構成上、バルト三国は「第二のウクライナ」としてロシアのハイブリッド戦の対象になり得る可能性が最も高い地域であり、地理的には、エストニアとラトビアはロシアと直接国境を接し、リトアニアはロシアの友好国ベラルーシとロシア領カリーニングラードに挟まれ、ロシアの軍事的脅威を感じている。とりわけ、ベラルーシとカリーニングラードの間の約１００㎞のスヴァルキ地峡が、謎の武装集団と後続のロシア正規軍により制圧されれば、スヴァルキ地峡を通過し、ポーランド方面から駆け付けるＮＡＴＯの増援部隊とバルト三国は分断されてしまう。最大10万名が参加した17年9月のロシアの大規模軍事演習（Zapad 2017）の際、ＮＡＴＯは同演習が「トロイの木馬」として利用され、スヴァルキに軍事侵攻する可能性を危惧していた。こうしたことから、ポーランドとバルト三国はＮＡＴＯ多国籍部隊四個大隊（計４、０００名）を展開させ、通常戦からハイブリッド戦に対抗する抑止力の構築に努めている。

4　巧妙化するロシアのハイブリッド戦

北欧から中東欧にかけて、クリミアタイプのハイブリッド戦への備えが整備される一方で、バルカンではクリミアタイプとは異なる、謎の武装集団すら出現しない、ますます「グレー」となったロシアのハイブリッド戦が実施されている。冷戦終結期に崩壊したユーゴスラビアの後継共和国であるバルカンの小国が新たなハイブリッド戦の舞台となった。

16年、ＮＡＴＯ加盟をめざすモンテネグロでは議会選挙が予定されていたが、選挙前日の10月15日、首都ポトゴリツァで議会を占拠後、親欧米派のジュカノビッチ現職首相を暗殺し、反ＮＡＴＯ・親露派政権を樹立させるクーデタ計画に関与した14名がモンテネグロ当局に逮捕された。同計画には反ジュカノビッチ派のモンテネグロの政治家2名のほか、ＧＲＵ（ロシア軍参謀本部情報総局）工作員2名から20万ユーロ相当の資金援助を受けたセルビア人9名とモンテネグロ人1名が関与していた。クーデタは失敗に終わったが、翌日の議会選挙当日は、モンテネグロの主要メディア、与党、ＮＧＯのウェブサイトが断続的にサイバー攻撃を受け、発信源はＧＲＵと結びつきの深いロシア国内のサイバー攻撃組織ＡＰＴ28だった。結局、選挙では与党が勝利し、翌年6月、モンテネグロはＮＡＴＯに加盟しロシアの目論見は失敗に終わったが、クリミアタイプとは異なり、GRU工作員が現地の親露派・反体制派諸集団をプロキシー（代理人）として動員する破壊工作活動とサイバー攻撃を主とするハイブリッド戦がモンテネグロで行われた。

もう1つのバルカンの小国マケドニア（旧名称：マケドニア旧ユーゴスラビア共和国）もハイブリッド戦の舞台となった。ユーゴ崩壊後、マケドニアはNATO加盟をめざしてきたが、隣国ギリシアが反対してきた。ギリシアは、「マケドニア」が本来ギリシア固有の地名との立場から、旧ユーゴの新たな共和国が同名称を国名に用いることを快く思っていなかった。マケドニアは、将来的には「北マケドニア共和国」に名称を変更したかったが、国名変更をめぐりギリシアとの対立が約四半世紀にわたり続き、マケドニアNATO加盟問題に直接影響していた。実は、この対立にロシアが関与していた。18年7月、ギリシアは、国名変更反対派のギリシア政府関係者に賄賂を贈り干渉したとして、ロシア人外交官2名と他のロシア人2名を国外追放した。

同年9月30日、マケドニアで「北マケドニア共和国」に国名を変更する是非を問う国民投票が行われた。「スラブ人国家としてのマケドニア」を強調する復古的ナショナリズムを掲げる「内部マケドニア革命組織・民族統一民主党連合」やプーチンの所属政党、「統一ロシア」を擬した「統一マケドニア」などの野党は、国名変更は「西側の陰謀」とし、国民に投票ボイコットを訴えた。投票の結果、賛成は9割に上ったが投票率は投票成立要件の50％に届かず、国名変更は達成されなかった。同月中、ロシアの大規模かつ組織的な虚偽情報キャンペーンがあったとの報告がマケドニア政府になされている。国民投票結果は法的拘束力を持たないことから、マケドニアは、国名変更に必要な憲法改正手続を行い、19年1月、ギリシア議会でもマケドニアとの国名変更合意が承認された。国名変更でマケドニアと和解したギリシアは、マケドニアのNATO加盟支持に回り、翌2月、マケドニアはNATOに加盟することが決定した。結局、マケドニアのNATO加盟も阻止できなかったわけだが、ロシアは、マケドニアNATO加盟を阻む障壁となっていた国名変更論争に干渉し、ギリシア・マケドニア二国間やマケドニア国内の「ヨーロッパ文明」派と「スラブ文明」派の対立を虚偽情報、プロパガンダ、サイバー攻撃などで外部から刺激し、「継続的に機能する前線」を作り出していた。ロシアのハイブリッド戦はますます「グレー」に、巧妙化している。

5　中国のヨーロッパ参入
―経済不況を救う「ホワイトホース」か「ハイブリッド脅威」か

ロシアからのハイブリッド戦の脅威を感じるヨーロッパに中国が勢力を拡大している。中国は「1＋16協力」（中国＋バルト三国、中東欧、バルカンの計16カ国）の経済協力枠組を形成している。一帯一路のヨーロッパへの玄関口はハンガリーであり、オルバン首相は中国との経済協力に積極的だ。23年完成予定のハンガリーの首都ブダペストとセルビアの首都べオグラードを結ぶ高速鉄道は中国資本で建設され、19年4月に北京を訪問したオルバンはデジタル・シルクロード協力を確認した。ハンガリーのヴァルガ財務大臣は、北京でのファーウェイ社幹部との会合で、「ファーウェイは戦略的ITパートナー」と発言。25年までにハンガリー国内の90%の家庭への次世代移動通信（5G）技術の普及を目標に掲げるオルバン政権にとって、対中経済協力は政治的アジェンダとなっている。

ファーウェイ製品・技術導入をめぐっては、18年10月のハドソン研究所でのペンス副大統領の演説に代表されるように中国との技術覇権競争に突入した米国と同盟国の間で意見の一致を見ていない。19年4月、ワシントンでのNATO外相会談で、ポンペイオ国務長官はロシアに加え中国の脅威について触れた。NATOの公式行事で安全保障問題として中国が言及されたのは初めてのことだ。

同盟国の情報機関もファーウェイを「ハイブリッド脅威」として深刻視している。ドイツ情報機関は、すでに11年にファーウェイのサイバースパイの可能性を指摘していた。19年1月11日には、ポーランド当局はスパイ容疑でファーウェイ現地支店幹部の中国人1名と元情報機関職員でポーランドの通信会社に勤務していたポーランド人1名を逮捕した。5月16日、オランダ国内紙 *De Volkskrant* は、オランダ情報機関がファーウェイは国内大手通信会社経由で顧客情報を盗んでいるとし調査を開始したと報道した。偶然にも同じ日、英国シンクタンク、ヘンリー・ジャクソン協会は、「いかなる組織および個人も国家の情報活動に協力する義務を有する」とした中国国家情報法（17年）に鑑み、ファーウェイはファイブ・アイズ（米・英・加・豪・NZの情報共有の枠組）にとってのリスクと指摘する報告書

（Defending Our Data: Huawei, 5G and the Five Eyes）を公表、英政府にファーウェイ排除を要請した。こうした警告にもかかわらず、失速するヨーロッパ経済を一帯一路という巨大経済プロジェクトで救う「ホワイトホース」として登場した中国の存在感を前に、ファーウェイ製品・技術の全面排除に乗り出す国はまだない。「戦略的ITパートナー」ファーウェイとの協力に積極的なハンガリーの存在を想起すればよい。

そうした中、19年8月21日、トランプ大統領とホワイトハウスを訪問したルーマニアのヨハニス大統領は、ファーウェイへの名指しは避けたものの、中国が投資する5Gネットワークから生起する安全保障上のリスクを回避することを謳った共同宣言（Joint Statement from President of the United States Donald J. Trump and President of Romania Klaus Iohannis）に署名した。今後、ルーマニア国防最高評議会で安全保障問題と絡めてファーウェイ導入の是非が議論される見通しだ。9月2日、ペンス副大統領とポーランドのモラヴィエツキ首相はワルシャワで会談、ペンスは1月のポーランド当局のファーウェイへの措置を称賛し、モラヴィエツキとともに、5G技術による破壊工作や情報操作から米国と同盟国の市民を守るとした共同宣言（U.S.-Poland Joint Declaration on 5G）に署名した。今後、ポーランドがファーウェイを全面排除していくかが、同盟国のファーウェイ政策の1つの指標となる。

6　台湾、そして尖閣諸島におけるハイブリッド戦

中国が絶えず「ハイブリッド脅威」を与えているのが台湾だ。16年5月、独立派の蔡英文が総統に就任したのと同時期、習近平国家主席は、政府系シンクタンクや対外交流団体に「ロシアのクリミア併合を研究せよ」と内部指令を出した。17年1月、中国は空母・遼寧を台湾周辺に航行させ、軍用機も飛ばし、軍事的圧力をかけるほか、5月のWHO総会への台湾代表の出席を阻止、11月の国連気候変動枠組条約に関する締約国会議への台湾閣僚の参加も拒んだ。中国から台湾へのサイバー攻撃件数（17年は前年比で30倍以上）も飛躍的に高まっている（『産経ニュース』２０１７年11月20日）。中国は一帯一路の援助国である中南米、太平洋島嶼、アフリカ諸国に台湾との外交関係断交を迫り、政治的圧力も強めている。

18年5月、台湾は財団法人国防安全研究院を設立し、ハイブリッド戦を含む中国の政治・軍事の研究体制強化に乗り出した。李俊毅研究員は、本章冒頭で紹介した欧州委員会の定義を参照し、中国が軍事力を背景に、虚偽情報、検閲、選挙干渉、経済・社会・学術上の浸透工作を行っており、与党・民進党が大敗し、蔡英文が党主席を辞任する事態となった18年11月の台湾統一地方選挙の背景にも中国のハイブリッド戦があったと指摘する（Jyun-Yi Lee, "Hybrid Threats and Legal Resilience in Taiwan", *Defense Security Brief*, Vol.8, No.1, (April, 2019), pp.13-27.）。２０２０年1月11日の台湾総統選挙で独立派の勢いを失速させるため、中

国はハイブリッド戦を遂行することが予想される。総統選挙結果にかかわらず、選挙後も台湾統一に向けて中国がハイブリッド戦を続けていくことは間違いない。

　ハドソン研究所のピルズベリー博士が言うように、中国は建国100周年の2049年までに米国を追い抜いて超大国になろうとしており、一帯一路も、5Gをめぐる技術覇権競争も、台湾統一も、壮大な「100年計画」の一部だ。この関連で、中国がハイブリッド戦を遂行し尖閣諸島を奪取する可能性もある。謎の武装漁民（little blue fishermen）が尖閣に上陸し、「日本人の手により尖閣諸島の中国人民が殺傷された」とする虚偽情報が世界を駆け巡り、「在外自国民保護のため」中国人民解放軍が尖閣諸島に上陸、中国の領有が既成事実化するというシナリオは決して絵空事ではない。

　中露は独自の安全保障観からユーラシアのハートランドの外へと膨張してくる。2020年、北欧、中東欧からバルカン、台湾、そして尖閣諸島にいたるユーラシアのリムランド各地で中露が仕掛けるハイブリッド戦が頻発することが予想される。

第14章　デジタルテロ――東京オリンピックは大丈夫か

和田大樹

1　依然として残る国際テロの脅威

国際政治を変えた9・11同時多発テロから、もうすぐで20年を迎える。この20年間で国際テロ情勢は大きく変化した。9・11からアフガニスタン戦争、イラク戦争と米国の対テロ戦争は拡大し、テロの拡散（アルカイダ支持組織やホームグローンテロリストの台頭）、オサマ・ビンラディンの殺害、イスラム国（ＩＳ）の台頭、イスラム国の領域支配の崩壊などと情勢は流動的に変化してきた。

今日、国際テロの脅威は、米中関係やイラン情勢、北朝鮮情勢ほど大きく報道されておらず、ＩＳの全盛期のように、テロが世界各地で猛威を振るっているわけではない。しかし、その脅威が不気味な形で残っていることは確かである。

２０１８年11月、米国・ワシントンに拠点を置く戦略国際問題研究所（ＣＳＩＳ）が、イスラム過激派の動向に関する報告書を公開した(1)。それによると、アルカイダやＩＳなどサラフィ・ジハード主義系のイスラム過激派は、世界に67組織（9・11時から約１・８倍増加）存在し、そういった組織に参加する戦闘員は、中東やアフリカ、南アジア、東南アジアなど各地域に合計で10万人～23万人いるとした。国別では、シリアが4万3、650人～7万550人と最も多く、以下、アフガニスタンに2万7、000人～6万4、060人、パキスタンに1万7、900人～3万9、540人、イラクに1万～1万5、000人、ナイジェリアに3、450人～6、900人、ソマリアに3、095人～7、240人いるという。これが実際の数とどこまで近いかはわからないが、同報告書はテロの脅威が依然として残っていることを強調している。

また、2019年9月、ジョージタウン大学のDaniel Byman教授は、米陸軍士官学校の研究機関「Combating Terrorism Center（CTC）」が発行する論文誌「CTC Sentinel」の中で、アルカイダやISの指導部は弱体化し、米国内でテロを計画・実行することは困難である一方、両組織が主導する運動（暴力的な過激主義思想）は依然として残り、それを支持する組織や信奉者たちは9・11時より増加し、各地で活動していると警告した(2)。そして、欧米諸国はローンウルフのように小規模なテロの脅威に引き続き直面し、最も現実的なテロの脅威にあるのはイスラム諸国にある米国権益だとした。

同様の見解は、2019年夏、国連安全保障理事会や米国防総省からも発表されている。国連安保理は2019年7月、アルカイダは依然としてアフガニスタンを拠点とし、タリバン（Taliban）やハッカーニ・ネットワーク（Haqqani Network）、ラシュカレ・タイバ（LeT）などのイスラム過激派と密接な関係にあるとし(3)、米国防総省も同年8月、ISの領域支配の崩壊は宣言されたが、その後も一部の戦闘員は逃亡し、米軍がシリアから撤退する機会をうかがいながら組織の再生を図ろうとしていると指摘した(4)。

以上のような見解もあるように、テロは今後も国際社会にとって脅威であり続けるだろう。では、具体的にはどういった脅威が依然としてあるのか。今後の情勢を踏まえて考えた場合、以下、5つのことが指摘できる。

第1に、シリア・イラクで活動を続けるIS戦闘員である。最高指導者だったアブ・バクル・アル・バグダディ容疑者は、2019年10月、シリア北西部イドリブ県で殺害されたが、依然としてシリアではIS戦闘員が活動を続けており、イラクでもISによる小規模なテロが断続的に発生している。シリア内戦やイラクの宗派対立などが続く限り、ISの生き残れる土壌は残っている。

第2に、ISを支持する組織である。ISの支配領域は崩壊したものの、依然として、フィリピンやバングラデシュ、パキスタンやアフガニスタン、イエメンやエジプト、ナイジェリアなどでは、ISの「州」を名乗る組織が活動している。こういったIS系組織は、テロ事件を起こしては犯行声明を出し続けている。各組織によって財政力や軍事力は異なるが、ISの主義・主張を強く支持し、バグダディ容疑者殺害後も新たな後継者に忠誠を表明するなど、武力闘争を放棄しようとする意思は見られない。

第3に、ISなどを支持する個人によるテロである。近年、ISの影響を受ける個人による車両や銃を使ったテロ事件が、ニースやベルリン、ロンドン、ストックホルム、バルセロナ、ニューヨーク、サンバーナディーノ、オーランドなど欧米各国で相次いで発生した。ISなどが掲げる暴力的過激思想が、社会経済的な不満を抱くイスラム移民の若者らに、存在意義や帰属意識、大義なるものを与え、それが暴力的な行動を誘発する要因になっている。今後もこういったローンウルフ型テロの脅威は続く。

第4に、帰還戦闘員を含む外国人戦闘員の行方である。米国のシンクタンク「ソウファン・グループ（Soufan Group）」の発表によると、母国に帰還したIS戦闘員たちは少なくとも5、600人を超えるとされ(5)、欧米諸国や東南アジア諸国、アフリカ諸国などは依然として帰還戦闘員によるテロを強く警戒している。また、ISとしての信念を持ち続ける戦闘員らが周辺諸国や他地域などの第三国へ移動し、そこで再び模擬国家構築を目的とするテロ活動を活発化させることも懸念される。2017年5月〜10月のフィリピン・マラウィ占拠はその典型例だろう。

そして、第5に、アルカイダ系の動向である。ISの台頭以降、国際社会の焦点はそれに当たってきたが、今日、改めてグローバル・ジハード運動全体に目を向けると、アラビア半島のアルカイダ（AQAP）やマグレブ諸国のアルカイダ（AQIM）、ソマリアのアルシャバブ（Al Shabaab）、マリを中心にサハラ地域を拠点とするイスラムとムスリムの支援団（JNIM）、シリアのフッラース・アル・ディーン（Hurras al-Deen）など、アルカイダ系組織は各地に存在する。ザワヒリや、オサマ・ビンラディンの息子であるハムザ・ビンラディン容疑者（2019年8月に死亡との報道）などは、米国やイスラエルなどへ攻撃を呼び掛け続けている。特に、今後の国際テロ情勢においては、フッラース・アル・ディーンやHTS（タハリール・アル・シャーム機構）など、シリアにおけるジハード系組織の動向が大きなポイントになる可能性がある。米国は、エジプト人やヨルダン人が幹部の一部となり、1、500人～2、000人規模の戦闘員を有する（その約半数が外国人戦闘員）フッラース・アル・ディーンの動向を注視している(6)。

2　2019年の国際テロ情勢の特徴

次に、2019年の国際テロ情勢を簡単に振り返ってみたい。2019年における大きな特徴は、①暴力的白人至上主義のグローバルな拡がり、②アルカイダ化するイスラム国、である。

まず、①であるが、これに関連する事件が2019年3月に発生した。同月15日、反イスラム主義を掲げる白人至上主義者の男が、クライストチャーチ市内にあるイスラム教モスク2カ所を相次いで襲撃し、イスラム教徒ら50人以上を殺害した。犠牲者の中には、パキスタンやアフガニスタン、マレーシア、バングラデシュやサウジアラビアなど多くの外国人も含まれた。犯人は、オーストラリア人のブランタン・タラント容疑者で、自らの犯行の様子をフェイスブックでライブ配信し、世界各地の白人至上主義者たちの関心を引こうとしていた。同容疑者は、2017年4月から5月にかけてフランスとスペインなど欧州を訪れ、そこで〝白人の国が移民・難民に侵略されている〟と危機感を抱いたことが犯行の動機だったとしている。タラント容疑者は、事件直前に発信したマニフェスト「Great Replacement（偉大なる交代）」の中で、強い反イスラム、反移民感情を示し、２０１１年7月のノルウェー・オスロ銃乱射事件（77人死亡）の実行犯アンシュネ・ブレイビク容疑者から強い影響を受けたと明らかにし、移民・難民へ寛容なドイツのメルケル首相やトルコのエルドアン大統領、ロンドンのサディク・カーン市長を非難した。また、厳しい移民政策を貫くトランプ大統領を、「白人至上主義のシンボル（Symbol of white supremacy）」と称賛した。

そして、タラント容疑者は以前にウクライナを訪れ、そこで白人至上主義組織「アゾフ・バタリオン（Azov Battalion）」の軍事訓練に参加したとされる。アゾフ・バタリオンはウクライナ危機の２０１４年に誕生し、そこで軍事訓練を受けるため、米国や英国、イタリアやドイツ、スウェーデンやノルウェー、ブラジルなどから支持者たちが集結し、米国や英国の白人至上主義組織からも一部メンバーが加わったとされる。

これに続くように、２０１９年8月、メキシコ国境に近いテキサス州エルパソで、ヒスパニック系移民に敵意を抱く白人至上主義の男による銃乱射事件が発生し、メキシコ人８人を含む22人が死亡した。男はエルパソから約１、０００㎞も離れたダラス近郊に住む20代のパトリック・クルシウス容疑者で、同容疑者も事件直前に自身のマニフェストをネット上に投稿した。クルシウス容疑者もヒスパニック系移民の人口増加を〝テキサスへの侵略〟と動機づけ、タラント容疑者を賞賛した。また、その約1週間後、今度はオスロ近郊にあるモスクを白人のフィリップ・マンスハウス容疑者が銃を持って襲撃するテロ事件があった。マンスハウス容疑者も事前にマニフェストを投稿し、タラント容疑者から指名されて犯行に及んだと明らかにし、エルパソのクルシウス容疑者を賞賛した。

以上のように、近年の白人至上主義テロにおいては、イスラム教徒やユダヤ教徒、ヒスパニックなどの移民・難民の増加を侵略と認識し、自らの行為を自己正当化する傾向が見られる。また、アルカイダやISのように、SNSやインターネットなどをフルに活用して、自らの主義・主張を大々的にアピールし、同調者たちとの連帯感を深め、さらなる攻撃を呼び掛けている。こういった傾向からは、サイバー空間を媒介としてネットワークが拡散し、国境を越えた暴力的白人至上主義コミュニティというものを想像させる。

次に、②であるが、2019年で最悪のテロ事件となったのは、4月に発生したスリランカ同時多発テロである。同月21日、スリランカ最大の都市コロンボにある高級ホテルや国内各地のキリスト教会など8カ所で同時多発的なテロ事件が発生し、250人以上が死亡、500人以上が負傷した。邦人も1人が死亡、4人が負傷したことから、国内でも大きく報じられ、邦人にとってもテロが決して対岸の火事ではないことを改めて示す事件となった。

一連のテロを実行したのは、国内で台頭したイスラム過激派「ナショナル・タウヒード・ジャマア（NTJ）」で、自爆犯や逮捕されたメンバーの中には、シリアでISの活動に参加していた者や、留学先のオーストラリアでIS関係者と接点を持った者もいたとされる。また、NTJの指導者であったザフラン・ハシム容疑者は、インド南部やバングラデシュの

ＩＳ系組織や信奉者たちと関係を持っていたとされるが、このテロにおいてはＩＳ中枢の具体的関与はなく、自らが主導してテロを計画、実行したとされる。

その約1週間後の4月29日、ＩＳのバグダディ容疑者が動画を公開し、スリランカのテロを、ＩＳの最後の拠点だったシリア東部バグズを奪還されたことに対する報復と位置づけ、我々の戦いは終わらないと強調した。同容疑者の顔が公の場に出るのは、ＩＳの建国が一方的に宣言された２０１４年6月以降で初めてのことだったが、近年のＩＳはアルカイダに近い状態になっている。すなわち、ＩＳは物理的な領域支配を売りに各地域のイスラム過激派や個人から支持を得てきたが、その本体は支配領域を失い、主に支持組織や信奉者たちに攻撃を呼び掛けるという広告的な役割に徹するようになった。バグダディ容疑者は２０１９年9月にも、自らの健在をアピールするために声明を発表し、戦闘員たちに今後も聖戦を続けるよう強く呼び掛けた。これは、アルカイダ指導者であるザワヒリ容疑者が、本体が組織的に弱体化した中、その支持組織や信奉者に戦闘継続を呼び掛けるという状態と変わるものではない。バグダディ容疑者は、２０１４年6月にＩＳの建国を高々と宣言し、世界中から多くの支持組織と信奉者を獲得したが、一定のカリスマ性は維持してきたものの、殺害前にはザワヒリ容疑者のような立場に追いやられていたと言える。

3　デジタルテロの時代における地政学リスク

「依然として残る国際テロの脅威」と「2019年の国際テロ情勢の特徴」を踏まえると、2020年以降も以下のような地政学リスクを指摘できる。

まず、我々はSNSやインターネットなど普段便利に使っているツールの負の側面をもっと意識する必要がある。近年、イスラム過激派や白人至上主義者もSNSを主要なツールとして、資金獲得やリクルート活動などを行っており、技術革新はテロリストに新たな可能性を与えてしまった。すでに、ISやナイジェリアのボコハラムなど一部のイスラム過激派は、ドローンを情報収集や偵察のために使用しており、今後は、5Gや3Dプリンタ、AIなど新たなテクノロジーがいかにテロリストに使用されるのかという難題が我々を待ち構えている。

そして、こういった技術革新によるリスクを、今後の世界の人口動態や社会経済事情に照らして考えると、1つのことが懸念される。

21世紀のテロには、経済格差や社会的偏見などから、若者たちが不満や憎悪、孤独感を感じ、使命感や帰属意識を求めてテロの世界に誘い込まれてしまうという背景が目立つ。今後、世界では中東やアフリカ、南アジアなどの途上国を中心に若者の人口が鋭く増加するというが、果たしてそれに見合うだけの経済発展と雇用が生まれるのだろうか。経済発展のプロセスを歩んだとしても、恩恵を受けられる者とそうでない者の差が顕著に見られるようになり、新たな不満や憎悪がいっそう増大する恐れもある。そして、スマートフォンを持ち、SNSやインターネットを使用する若者の人口も世界で急増している中では、こういった若者たちが今後いっそうテロの世界に吸い込まれてしまうことが強く懸念される。

こういったデジタルテロの時代においては、従来ある政治的、地理的な側面に、トランスナショナルな側面を加えて複合的にリスクを考える必要がある。9・11以降のイスラム過激派のグローバルな動向においては、アルカイダやIS（各地域の支持組織含む）にいかに自由に活動できる聖域を与えないかが大きな課題で、国際社会は各過激派の広がりを地政学的に想定し、それを防止するためのテロ対策を実行してきた。

しかし、欧米諸国で頻発してきたローンウルフ型テロ、また2019年のテロ情勢も象徴するように、暴力的な過激主義思想がサイバー空間に蔓延し、それが目で見えないスピードで国境の壁を貫通する時代においては、いつどこで同様のテロが発生してもまったく不思議ではなく、従来の地政学的な考えでは説明が難しい。地理や距離に関係なく、同じような主義・主張を掲げる組織、個人同士が無料で簡単に連絡を取り合える今日では、テロ細胞が知らないうちに予想もしなかった場所で芽生えることだってある。IS情勢におけるカリブ海の島国トリニダード・トバゴの例はそれを物語っている。スリランカ同時多発テロ事件前も、ISに加わったスリランカ人が32人いるとの情報も出たが、同国のIS情勢を懸念する声や報道はかなり少なかった。正に、同事件は、従来の地政学的視点に、トランスナショナルな視点を加えてリスクを考える必要性を示した事件と言える。

デジタルテロの時代においては、地理や距離に関係なく、類似性のある内戦や紛争、宗教・民族対立、内政などを同じ土俵で照らし合わせ、そこから共通するリスクを発見することがきわめて重要だ。ＩＳ情勢においては、シリア内戦という中東地域の問題が、世界各国（各地域）の内政や治安、テロ情勢に大きな影響を与えてきた。スリランカ同時多発テロは、長年スリランカが抱えてきたテロや民族・宗教対立からは説明できないものだったと言える。また、近年欧米各国でポピュリズムの波が拡大する中、各国の白人至上主義たちはイデオロギー的な連携を深めている。タラント容疑者はオーストラリア人だが、ニュージーランドでテロを実行し、自国政府を標的とする白人至上主義者の中にも、国際的な連携を深める者（International nationalist）が増えている。

ある特定地域のテロ情勢が、他の地域や国のテロ情勢にも瞬時に波及する時代である。デジタルテロの時代においては、トランスナショナルな視点でリスクを考えることがきわめて重要だ。

※なお、最後にあるのは現在のジハーディストと白人至上主義者のグローバルなネットワークを表したものである。

ジハーディストのグローバルネットワーク

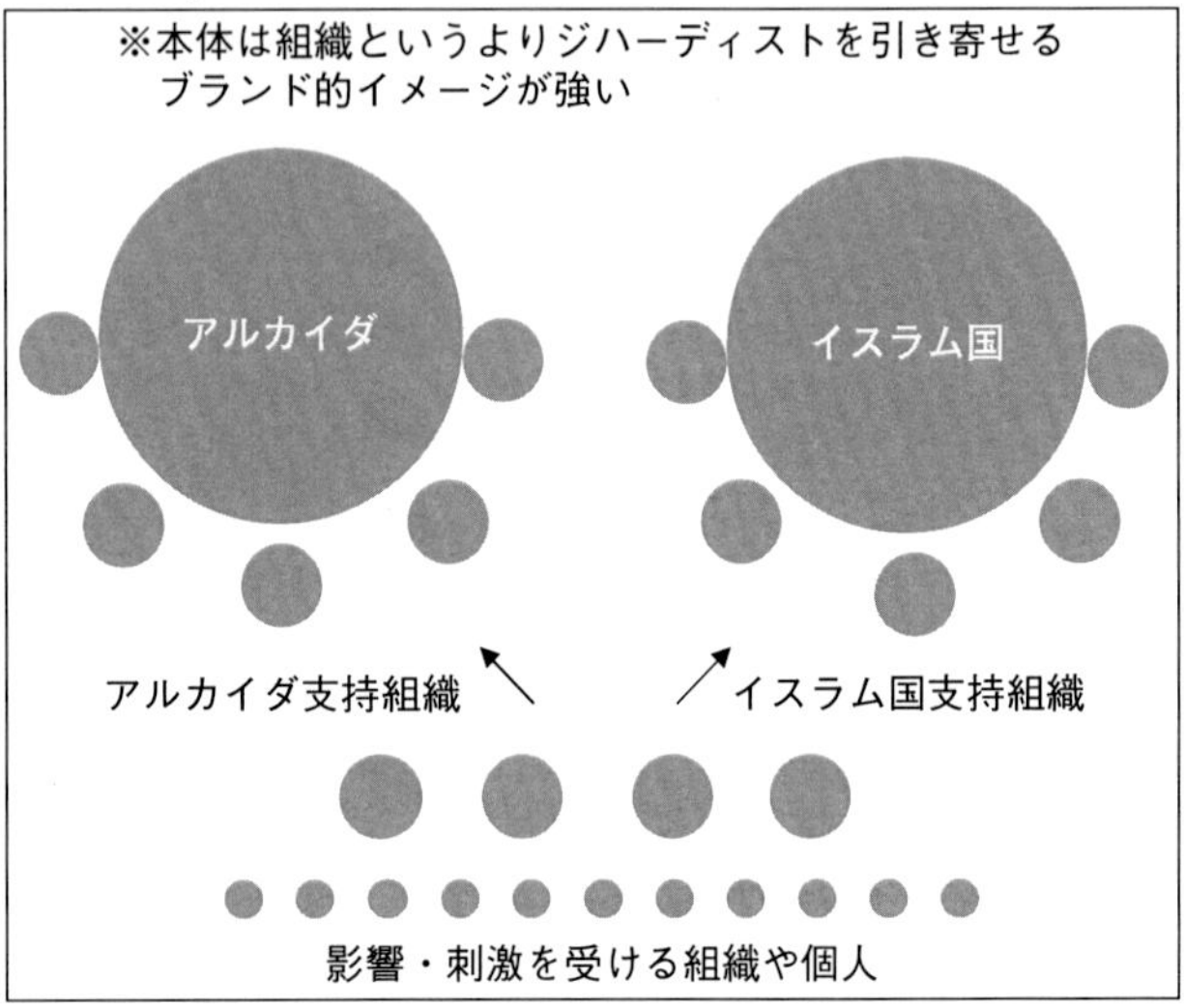
※本体は組織というよりジハーディストを引き寄せる
ブランド的イメージが強い
アルカイダ
イスラム国
アルカイダ支持組織
イスラム国支持組織
影響・刺激を受ける組織や個人

白人至上主義者のグローバルネットワーク

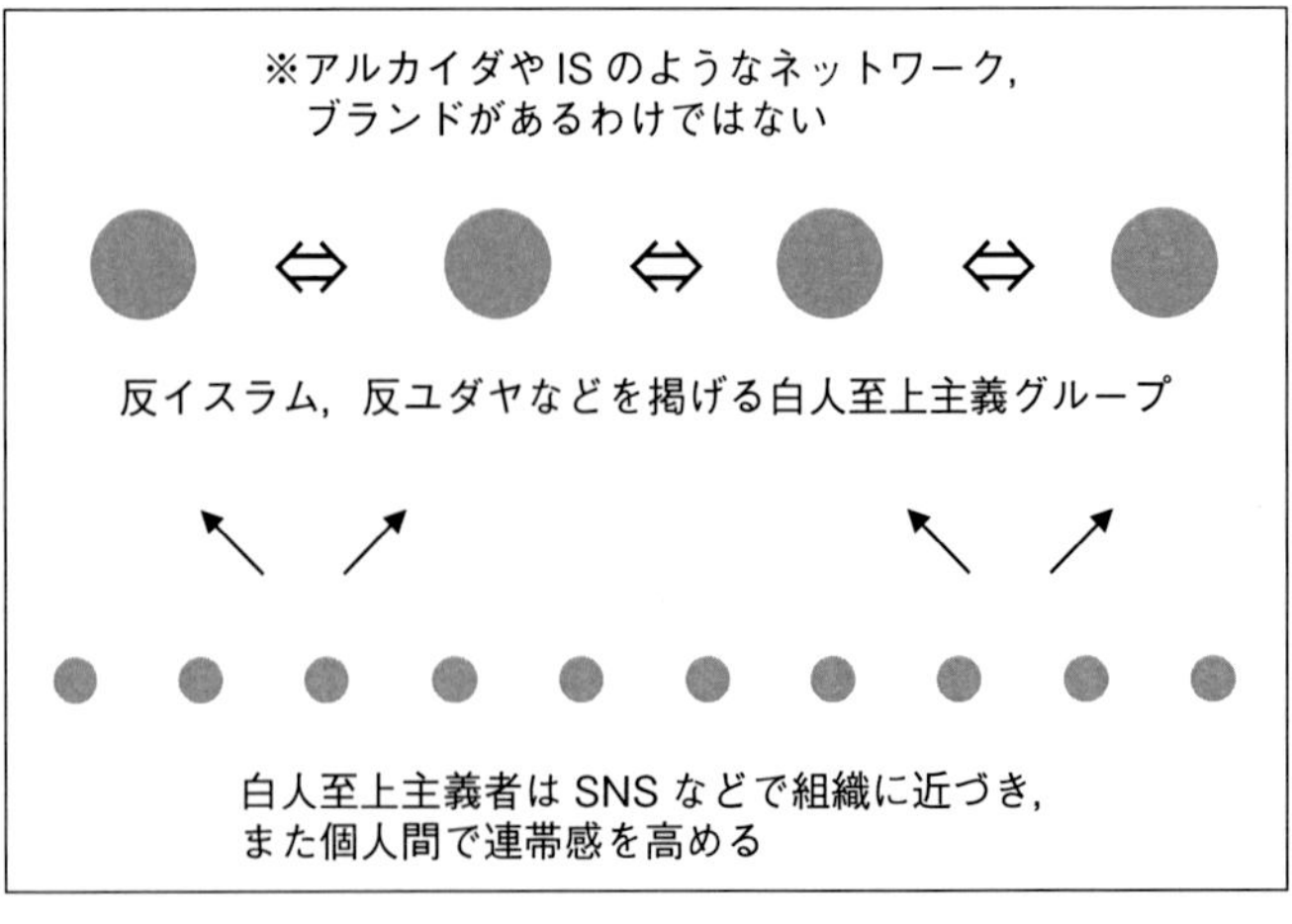
※アルカイダやISのようなネットワーク，
ブランドがあるわけではない
反イスラム，反ユダヤなどを掲げる白人至上主義グループ
白人至上主義者はSNSなどで組織に近づき，
また個人間で連帯感を高める

【註】

(1) Seth G. Jones, “The Evolution of the Salafi-Jihadist Threat - Current and Future Challenges from the Islamic State, Al-Qaeda, and Other Groups -”, CSIS, November 2018.

(2) Daniel Byman, “Eighteen Years On: The War on Terror Comes of Age”, CTC Sentinel, September 2019.

(3) “Al-Qaeda remains resilient, continues to cooperate closely with LeT: UN”, the Economic Times, July 30, 2019.

(4) “Pentagon report says ISIS is ‘re-surging in Syria’ following Trump’s troop withdrawal”, CNN, August 8, 2019.

(5) “BEYOND THE CALIPHATE: FOREIGN FIGHTERS AND THE THREAT OF RETURNEES”, Soufan Group, October 24, 2017.

(6) “U.S. Sees Rising Threat in the West From Qaeda Branch in Syria”, the New York Times, September 29, 2019.

第15章　インテリジェンス—溢れる情報をどう見分けるか

山中祥三

1　フェイクニュースの蔓延

今や世の中にはフェイクニュースが蔓延している。

地政学的リスクを読み解き、それに適切に対応するためには情報分析が必要である。すべての地域に取材に行けない以上、分析に際しては公開情報（オシント）に頼らざるを得ない。従来研究者などによれば、情報機関が使用する情報の90％以上はオシントで入手できるとされていたが、インターネットの発達はその比率を確実に上げているはずである。インターネットのお蔭で世の中に溢れる情報量は、爆発的に増加している。また、一般的なニュースだけでなくネットを介したSNSなどにおいて流される情報にも重要なものがある。その一方で、フェイクニュースや意図的な噂なども比例して急増している。

フェイクニュース、と言えば、世界的な信頼を得ている報道機関に対して、「フェイクニュースだ!!」と公然と非難しているトランプ米大統領自身の発言が最もフェイクである。それに対しマスコミ側は、政治家などが語った誤情報や偽情報を集計して報道している。ワシントン・ポスト紙の「ファクトチェッカー（Fact Checker）」はピノキオのマーク数1～4で政治家の発言を判定し、視覚化している。特に、トランプ大統領が就任後に語った偽りの主張は19年8月5日現在、就任928日間のデータによれば、なんと1万2，019回に上るとしている。

フェイクニュースはその数だけでなく、質的にも大きく進化を遂げている。18年4月米国で話題になった動画があった。前米大統領のバラク・オバマ氏が、トランプ現大統領を口汚くののしる動画である。これは、映画監督のジョーダン・ピール氏と米ニュースサイト「バズフィード」が作ったフェイク動画だった。これは、フェイク動画だと明示されたが、近年の人工知能（AI）の進化で、実際の映像を巧みに加工する「ディープフェイク」動画のクオリティーは、より精巧になっている。新たな種類の虚報やデマが破滅的な結果をもたらす危険性も高まりつつある。

テキサス大学のロバート・チェスニー教授と、メリーランド大学のダニエレ・シトロン教授も「外交問題評議会」のブログで、よくできたディープフェイクをタイミング良く広めることができれば、選挙結果を覆したり、都市で暴動や混乱を生じさせたりすることが可能になるとその危険性を指摘している。

2　ファクトチェックの必要性と取り組み

フェイクニュースへの対抗手段として、近年再びファクトチェック（fact checking）に注目が集まるようになった。本来のファクトチェックは1920年代、米国の出版社が、印刷前に事実の誤りがないかをチェックすることから始まったとされている。しかし、1990年代からは、公表後のさまざまな噂や政治的言説を対象にしたファクトチェックがインターネット上で行われるようになった。

現在のファクトチェックは、社会に広がっている情報・ニュースや言説が事実に基づいているかどうかを調べ、その結果を発表することであり、あえて日本語にすれば、「事実確認」というよりむしろ言説・情報の「真偽検証」が適切とされる。

米国では、以前から大統領選挙での候補者発言の真偽検証が行われていたが、2000年代に入ってからファクトチェックという活動が広く知られるようになった。特にトランプ大統領（候補者）の発言には注目が集まることから、複数の機関でファクトチェックがなされている。例えば、ペンシルベニア大学が運営するファクトチェック・ドットオルグ（FactCheck.org）、フロリダの地方紙タンパベイ・タイムズが運営するポリティファクト（PolitiFact）（トゥルーソメーターと呼ばれる6段階で評価）などが挙げられる。

前述のように07年からワシントン・ポスト紙がサイト内で運営するファクトチェッカーで

はピノキオのマーク数で真偽を判定しており、数ごとの評価は次の通りである。
1ピノキオ：不都合な真実をところどころ隠している。（大まかに真実）
2ピノキオ：行き過ぎた事実の省略あるいは誇張がある。（半分事実に近い）
3ピノキオ：重大な事実誤認や明らかな矛盾がある。（大半は嘘）
4ピノキオ：大嘘

例えば「メキシコ国境に壁を作り始めた」などというトランプ大統領の主張は、現状はそれから程遠い状況にあるにもかかわらず、すでに190回繰り返されている。あまりにもフェイク発言が多いため、ワシントン・ポスト紙は3または4ピノキオ発言を20回以上行ったら適用する新指標を「無限ピノキオ（Bottomless Pinocchio）」としている。その指標が適応される項目は14もあり、まもなく15項目になるとしている。

3　草の根レベルの取り組み

オシントの情報源として近年重要性を増してきたのが、新聞やラジオ、テレビといった「オールドメディア」よりもインターネットやSNSといった「ニューメディア」である。

SNSには信憑性が疑われるものも多いが、いまや一国の大統領や政府機関がツイッターで重要なことを発信する時代である。また、メディアが入り込めないような紛争地域における、一般庶民からの投稿にはそこでしか発信できない今現在の真実も多く含まれている。

そのような中で、新たな動きの1つとして、SNSをより積極的に活用して、真実を明らかにし、フェイクニュースを暴こうとする動きもある。その先駆け的なものに「ベリングキャット」がある。ベリングキャットは、14年イギリス市民のエリオット・ヒギンズによって立ち上げられたウェブサイトである。ベリングキャットとは、イソップ物語の「ネズミの相談（The Mice in Council）」の中のフレーズから取ったものである。本来「ネズミが猫の首に鈴をつける（Bell the Cat）」は、「実行するのは至難のわざ」の喩えになっている。しかし、ヒギンズは自分たちが、猫の首に鈴をつけること、つまりフェイクニュースを明らかにして警鐘を鳴らそうという意味で名づけたとしている。

彼はもともと研究者でもジャーナリストでもなく、ゲーマーで、大学を中退後、銀行、石油関連会社などを経て会社勤めをしていたが、13年に会社を解雇され無職となった。アラビア語ができるわけでもなく、軍の経験もなく「アラブの春」以前は一般のゲームユーザーと同程度の知識しかなかった。失業後の彼は、毎日450本以上のユーチューブを監視して武器の画像を探しだし、新しいタイプの武器が出てきた時期、場所、使用者などを追跡した。特に13年、シリアでアサド政権が化学兵器を使用したことを、現場で撮影した写真や動画などを基に証明した。その情報の確からしさから、ニューヨーク・タイムズの記者も、情報源として記事に引用するようになっていった。

14年7月、ヒギンズはビデオ、地図、写真などの公開情報を使って現在の出来事を調査するため、ウェブサイトを立ち上げた。そのサイトは、中立性を保つためクラウドファンディングにより資金を調達して運営され、ヒギンズのほか8人程度のボランティアにより分析がなされている。

それらの活動が評価され、ヒギンズは18年には、ロンドン大学キングス・カレッジ戦争学部のCSSS（科学と安全保障研究センター）およびカリフォルニア大学バークレー校人権センターの客員研究員になった。

4 ハイブリッド戦争におけるリスク

ロシアのハイブリッド戦

別の章で詳述されているハイブリッド戦もインテリジェンスと密接にかかわっている。ハイブリッド戦という言葉は、14年2月のロシアのクリミア半島併合により注目を浴びるようになった。18年になると、以前から指摘はされていたものの、14年以降ロシアが16年の米大統領選挙へ介入してきた活動が、米当局によって次々と公表されるようになった。

それらの活動では、武力が使われることはなく軍の情報機関と民間企業とが組み合わさって行われたのはサイバー攻撃や情報操作であった。ロシアの民間企業の社員は、米国の民間人に成りすましてSNS上でヒラリー・クリントンに不利な情報を流し続けた。軍の情報機関は、民主党のコンピューターをハッキングしてクリントンに不利な情報を盗み出した上、ウィキリークスを通じてそれらを暴露していった。

これらの事例をみると結局、「ハイブリッド戦とは、正規と非正規の戦力、軍人と民間人、物理的破壊と情報戦（サイバー戦、情報操作など含む）が絡み合った戦い方で、その手段としてインターネットやSNSが特に平時やグレーゾーンから活用されている」状態である。

中国のハイブリッド戦

中国はどうかというと、とっくの昔からハイブリッド戦を行っていると言っても過言ではない。紀元前500年頃の中国の春秋時代の孫子の兵法では、戦わずして勝つ謀略の重要性が説かれ、その後の戦国時代の韓非子は、目的のためには手段を選ばないということをすでに述べている。中国の南シナ海や東シナ海をめぐる活動や一帯一路構想などは、今言われる「ハイブリッド戦」であり、1999年、中国人民解放軍の空軍大佐2人によって書かれたところの「超限戦」でもある。超限戦ではあらゆるものが手段となり、あらゆる領域が戦場となり得る。すべての兵器と技術が組み合わされ、戦争と非戦争、軍事と非軍事、軍人と非軍人（民間人）という境界がなくなるとしている。この概念は、ハイブリッド戦争の概念とまったく同じである。

さらに、中国は03年頃には、三戦（輿論戦、心理戦、法律戦）という非対称戦の概念も積極的に取り入れるようになった。ロシアがNATO側に近いところで行った行為が、印象的で目立ったため、欧米においてハイブリッド戦が新たな概念として注目されたが、実は我が国の近くではずっと前からハイブリッド戦が目立たぬように行われていたのである。

　国家対国家の本格的な戦争が起こることが想定しにくい現代では、従来の一般的概念である物理的破壊を伴う戦争に比べて情報戦の比重がきわめて大きくなっている。特にサイバー戦は、平時からグレーゾーンにかけて常続的に行われ、「目に見えない戦い」である。軍隊同士の戦いによる物理的な破壊の前にすでに目に見えないところで戦いは行われていて、仮に軍が出動するところまで発展した時には、すでに戦いの趨勢は決まっている可能性があるということである。

　ちなみに報道によれば、ロシア軍のサイバー要員は約1，000人、米国のサイバー軍の要員は約6，000人、北朝鮮では7，000人の規模のサイバー要員がいるとされる。そして中国はなんと13万人の要員を有するとされる。一方で、自衛隊のサイバー部隊は現行110人、平成31年度から5年間の中期防衛力整備計画で500人に拡大するとして努力はしているが、他国とは桁が違う。

5　インテリジェンス機関の陥りやすい罠

　インテリジェンス機関は国家組織であり、当然政治的指導者の下にある。独裁的国家を除けば、一般的にインテリジェンス機関は、客観的で中立的な情報を報告することが要求されるものの指導者との関係は微妙である。

米国の例を挙げれば、19年1月30日トランプ米大統領は、インテリジェンス機関のトップであるコーツ国家情報長官に対し「学校でやり直せ」とツィートした。前日の議会上院公聴会で長官が北朝鮮、イラン、シリアなどの問題でトランプ大統領の主張と違う見解を述べたことに対して腹を立てたからである。長官が公聴会で報告した世界脅威評価書では、トランプ大統領が成果を誇る北朝鮮の非核化交渉については、「北朝鮮がその大量破壊兵器や運搬システム、製造能力のすべてを完全に放棄する可能性は、依然として低い」と評価している。また、ISISについては、トランプ大統領は、自らの政権がISISに致命的な打撃を与えたと主張しているが、評価書では「イラクやシリアにISISの戦闘員が数千人規模で残っており、世界中に8つの支部を維持し、10以上のネットワークと、数千の支援者がいる」と指摘している。

いわば大統領のためにあらゆる努力を尽くして入手した情報を基に分析し、インテリジェンス機関の長として中立な立場で提供したはずのインテリジェンスに対して、大統領からケチをつけられたのである。その後も両者の溝は埋まらずトランプ大統領は7月28日に、ツイッターを通じてコーツ国家情報長官の辞任予定を明らかにし、8月15日にコーツ氏は辞任した。

このように自分に都合の悪い情報を上司が受け入れない態度をとると、部下は大統領の意向を汲んで（忖度して）政策に都合の良い情報しか流さないというういわゆる「インテリジェンスの政治化」という状況が起こる可能性が高い。

また、分析においては集団思考やミラーイメージングというバイアスが発生することが多い。集団思考とは、民族や組織が有している特定の思考方法のことである。03年有志連合がイラク攻撃の前、情報機関は「イラクが大量破壊兵器を開発し保有している」と分析した。その原因の1つとして、米国でも英国でも多くの人が「イラクに大量破壊兵器があるに違いない」とする集団思考に陥ったことが指摘されている。ミラーイメージングとは、自分の考えを鏡に反射するように投影させ、相手も自分と同じような考えをするであろうと思い込むことである。6月13日安倍総理のイラン訪問中に発生したオマーン沖におけるタンカー攻撃事案についても、すぐにイランが裏で手を引いているとするアメリカの主張も明確な証拠が示されない以上、アメリカ国民全体が集団思考に陥っている可能性もある。

また11月23日の失効が迫る中、土壇場で失効が回避された我が国と韓国とのGSOMIAであるが、8月22日に韓国がGSOMIAの破棄を通告したことは、我が国にとってはある意味で戦略的奇襲だった。その原因の1つは、多くの日本人が集団思考やミラーイメージングに陥っていたからではないだろうか。我が国だけでなく米国の安全保障関係者にとっても、朝鮮半島の安全保障において、GSOMIAを継続させることは情報共有の観点からきわめて重要であり、当たり前だと思える。しかし、韓国の文在寅大統領がそれと同じように考えているとは限らない。文大統領の立場に立てば、むしろまったく逆である。金正恩は日韓の密接な連携を嫌っている。その意に応えることで文政権は北朝鮮との連携を深めたいと思っており、さらに、日本に対し反発することで国内の団結や政権への信頼回復に努めようとしている。その中で日本側が、経済問題に安全保障問題を絡めて韓国に圧力をかけてきたと文政権が感じたのであれば、渡りに船とばかり、韓国側もＧＳＯＭＩＡを絡めてくるという対抗策が成り立つのである。

6　2020年のインテリジェンスに関わるリスク

前述のようなインテリジェンスをめぐるトレンドから、インテリジェンスに関連する地政学的リスクを考えると、まず２０２０年のアメリカの大統領選挙をめぐる米ロのサイバー戦に起因した対立深化の可能性がある。前回の大統領選挙においてロシアは国家を上げて大統領選挙に関与したことが判明している。次回は米国も強力な対抗策を講じるであろうが、それでもロシアは関与してくるであろう。それを契機として、米ロの対立がより深まる可能性がある。

そのロシアはウクライナにおいて、また中国は南シナ海や東シナ海において情報戦を含む大規模なハイブリッド戦を仕掛けてくる可能性も高い。

トランプ大統領のインテリジェンス機関への不信によるインテリジェンスの政治化の発生、さらに集団思考やミラーイメージングといったバイアスが国際紛争の火種を大きくする可能性もある。例えばイランについては、イランが悪いとの前提に立った分析からホルムズ海峡周辺で事案が発生すれば、真偽が明らかにされないままアメリカが一方的にイランを攻撃する可能性もある。

国際政治は未だに多数の主権国家からなる政治システムであり、国家が国家であるためには領土・領域、国民、主権という3つの要素が求められる以上、国際政治における地理的空間が重要な変数である。しかし、国家主権が及ばないとされる宇宙空間や物理的空間ではないサイバー空間の発展によって、地政学の理論では対象とされていなかった領域における事象が影響力を持ちつつある。その点インテリジェンスは、国家主権の及ぶ地理的な領域だけでなく、宇宙やサイバーといった領域も対象としすでに領域を跨いでいる。加速度化する情報量の増加に伴うフェイクニュースなどの蔓延、新たな領域の拡大へ対応して情報を収集し分析するための明確な方法は確立されていない。ファクトチェックについては、草の根レベルで活動は広がっているようだが、情報の適切かつ迅速な処理は、マンパワーだけでは困難で、AIの活用は必須となるであろう。来る2020年は、AIを活用して溢れる情報の中からフェイクニュースをいかに排除し、領域を跨いだリスクをどのようにして解明するかが大きな課題の1つとなろう。

第16章　AI兵器—その未知なる脅威

津屋　尚

飛躍的な技術の進歩によりさまざまな分野への利用が進むＡＩ＝人工知能。ＡＩの恩恵で私たちは近い将来、かつてなら想像もできなかったような便利さや快適性を享受できるようになるだろう。しかしそれが、軍事の世界で兵器として使われるならば、新たな問題が生起する。軍事大国の間ではすでに新たなＡＩ兵器の開発競争が繰り広げられており、その競争の行方は、日本の安全保障にも大きな影響を及ぼすことになるだろう。また、ＡＩの進化で「ＡＩ兵器」はいずれ人類の制御を超えた存在になるのではないかといった懸念まで投げかけられている。ＡＩは現在進行形の問題でもあると同時に〝未来〟にもかかわる問題なのだ。

1　ＡＩ殺人ロボット

人の手のひらに乗る数㎝程の超小型のドローン。一見おもちゃのような小さな物体にはＡＩ・人工知能と爆薬が仕組まれている。スズメバチの羽音にも似た不気味な音を立てながらふわりと空中に舞い上がると、ドローンは自己制御して飛行。人の顔を識別するセンサーがターゲットに見立てた人形を発見するど、その頭部めがけて急降下して激突。拳銃でこめかみを撃ちぬくように頭蓋骨を砕いてしまう。この「殺人ドローン」の幾百もの群れが大学のキャンパスに向かって飛んでいる。群れは頑丈な校舎の壁を打ち破って教室内部に侵入。不気味な侵入者に学生たちは逃げ惑う。ドローンが搭載するＡＩは、ＳＮＳ上にあふれる写真や交友関係、宗教、思想などの個人情報から収集分析されたターゲットの学生たちを瞬時に識別。「殺すべき相手」を見つけると次々に突進し、「正確に」殺害していった…。

これは、「ＬＡＷＳ（ろーず）＝自律型致死性兵器」の禁止を訴える国際ＮＧＯ、the future of life institute が制作した動画のワンシーンだ(1)。ＬＡＷＳとは Lethal Autonomous Weapons Systems の略で、人間を介さずＡＩ自らの判断で人の命を奪う兵器を言う。「完全自律型致死性兵器」とも呼ばれる。米軍がアフガニスタンなどで多数実戦投入している無人攻撃機は人間が遠隔操作をして攻撃の判断をしているが、ＬＡＷＳは自らターゲットを〝選別〟し、〝攻撃を実行〟する。

ＬＡＷＳはいわば「銃」や「ミサイル」のような完成形のない「未来兵器」だ。しかし、急速な技術の進歩によりその出現が現実味を帯びてきている。ＮＧＯ制作のＰＲ動画は、実際に使用される可能性の一例を具体的に示し、ＬＡＷＳの非人道性を描いて見せることで、ＬＡＷＳが出現してしまう前に規制の網をかけようというものだ。対人地雷にせよ生物・化学兵器にせよ、そして核兵器も、実際に使用されて悲惨な結果を招いた後で禁止や規制の条約がつくられてきた。ＡＩ兵器の場合、技術の進歩の速さと兵器開発の実態の不透明さゆえ、

「完全自律型」が登場してしまってからでは手遅れになるという懸念があるのだ。

2　未知の危険領域

日本の防衛白書は、最先端の軍事技術が将来の戦闘の様相を大きく変える「ゲームチェンジャー」になりうると指摘し、その代表例としてＡＩ技術を挙げている(2)。

アメリカなど開発国は、ＡＩ搭載のロボット兵器を投入すれば、自国の兵士を危険にさらすことなく作戦が遂行できる、さらに人間のように感情に左右されないＡＩならヒューマンエラーも減らせると、プラス面を強調する。

しかし、それが人間を介さない完全自律型となれば、「国際人道法」上の問題が生じる上に、そもそも▽ロボットに人の生死を決めさせていいのかという根源的な問いが生じてくる。また、▽戦争のコストや自軍の兵士の損失が減ることで、国家や国の指導者が戦争へのハードルを下げてしまうのではないか。さらに、▽民間にも普及するＡＩ技術は入手が容易なため、兵器がテロリストに拡散したり、独裁者が手にすれば反対勢力の弾圧にも使われたりしかねないとの懸念もある。▽さらに、ＡＩの「暴走」の懸念もある。どんな高性能な機械でも故障やプログラムのバグは起こりえるからだ。またサイバー攻撃でハッキングされる可能性も否定できない。

3　科学者たちの警告

世界の科学者の中にも、ＬＡＷＳの禁止を強く訴える人たちが多くいる。２０１８年に亡くなったスティーブン・ホーキング博士もその１人だった。博士は生前、次のように話していたという。

「気がかりなのは、ＡＩの性能が急速に上がって自ら進化を始めてしまうことだ。遠い将来、ＡＩは自分自身の意志を持ち、私たちと対立するようになるかもしれない。超知能を持つＡＩの到来は、人類史上、最善の出来事になるか、または最悪の出来事になるだろう。」（３）

ＡＩが自ら意志を持ち人間に反乱を起こすようになりはしないか、その危険性を天才物理学者は強く憂慮していたのだ。

確かに、さまざまな懸念の中でも最も恐ろしいのは、ＡＩによる「反乱」かもしれない。ＡＩが従来のコンピューターと違うのは、深層学習・ディープラーニングによって自ら進化を遂げる点にある。その結果、ＡＩはいずれ人類の知能を超える「シンギュラリティ＝技術的特異点」に達するのではないかとの指摘もある。人間なら数年かかるであろう大量で複雑なデータを短時間で学習し、人間の想定を超える判断や行動をＡＩなら導き出せる。チェスや囲碁でＡＩが奇想天外な戦法で世界王者を負かして話題になったが、ＡＩが繰り出した一手一手の理由はプロでもよくわからないという。ＡＩは独自の計算によって人間の常識を超える結論を導き出したことになる。

極端で荒唐無稽な例かもしれないが、ＡＩに「電力消費を可能な限り削減せよ」という命題をあたえたとしよう。ＡＩはエアコンや電灯などの電化製品を最も効率よく稼働させ大幅な消費電力削減を実現することだろう。人間ならここで目標達成を実感し満足するが、「可能な限り」との命題を与えられたＡＩは満足することがない。人間の都合は無視してさらなる電力消費削減をめざす。闘病生活中の人が生命の維持に不可欠なさまざまな医療装置の電力まで使用を制限するかもしれない。最後は、エネルギー消費を決して止めない人間の存在そのものが「省エネ」を阻む要因と判断し、「人間を排除する手段」を実行していくかもしれない。もちろん人間がこの「反乱」に気づけば直ちにＡＩを停止させるだろう。しかし、その判断の一切の過程がブラックボックス化されて見えず、突然「その手段」が実行されるなら、対応は困難かもしれない。

軍事に置き換えてみれば、「勝利」という目標を達成するために有効と判断すれば、ＡＩは、人間なら回避する非常識で残酷な手段も選択しうる。それが何の罪も落ち度もない市民への無差別攻撃につながるおそれがあると国際人権団体や科学者たちは懸念している(4)。

4　難航する規制

では、国際社会はＬＡＷＳをどのように規制しようとしているのか。その手段は、１２０カ国余りが加盟し、対人地雷などを禁止してきた「ＣＣＷ＝特定通常兵器使用禁止制限条約」だ。ジュネーブにある国連欧州本部を舞台に規制の議論が２０１４年から続いてきた。この枠組みの重要な点は、米ロ中などのＡＩ兵器開発国が加盟していることだ。ただ、兵器開発国と、途上国を中心とする反対国の主張が噛み合わないまま何年もの歳月が流れた。ちなみに日本は、ＬＡＷＳを開発しないとしつつ、人間の関与が確保された自律型の兵器システムは安全保障上意義があるという立場を示してきた。

そして、２０１９年8月21日、ＣＣＷによる規制の議論の開始から5年にしてようやく、ＬＡＷＳを規制する初めての指針ともいえる報告書がまとまった(5)。

ＬＡＷＳ問題に関する政府専門家会合の場で全会一致で採択された報告書には、▽すべての兵器システムには国際人道法が適用されること、▽兵器の使用には人間が責任を負うこと、▽ハッキングのリスクやテロ集団の手にわたるリスクを考慮することなど11項目が盛りこまれた。今まで何もなかったルールの形が示されたことは重要な成果だ。しかし、ＬＡＷＳの問題を告発し、禁止についての国際的な議論のきっかけをつくった国際人権団体などからは失望の声があがった。それは、この指針には法的拘束力がなく、玉虫色の決着をした感は否めないからだ。ルールを自国の都合のよいように解釈する国が現れるのではないかといった疑念が残るのだ。

ジュネーブの議論を振り返ると、例えば、中国は、規制の対象となる「完全自律型」の範囲について、「自ら進化する兵器を規制すべき」と主張。これは事実上、「自ら進化するものでなければ規制の対象ではない」との主張だったと受け止められている。さらに、報告書がまとまる最終局面では、アメリカとロシアが、当初の文案にあった「ヒューマンコントロール＝兵器の使用を人間が制御」という表現に反対し、結局この文言は最終の文書から削除された。AI兵器の高い技術を持つ国々は、指針の表現を曖昧にすることで規制の対象を狭め、開発や使用の余地を広げる思惑があったと考えられる。

LAWSの禁止を強く訴えてきた関係者の中には、CCWという既存の条約にこだわらず、明確にLAWSを禁止する別の条約をめざすべきとの意見もある。しかし仮に、そうした厳しい条約ができたとしても、アメリカやロシアなど開発国が条約に加わる可能性はきわめて低く、実効性に疑問符が付きかねない。

CCWの枠組みで合意されたLAWS規制の指針は、2020年以降も再検討が続くことになっている。将来へのさまざまな懸念をどう払しょくするか大きな課題だ。

5 アメリカ軍の本音

実は、AI兵器を開発するアメリカ自身もLAWSに対する懸念を抱いている。2012年、アメリカ国防総省は、自律型または半自律型兵器システムに関する指令書(6)を公布した。この中で、「武力を使用するかどうかは、適切なレベルで人間が判断できるよう兵器システムを設計する」とし、完全自律型の導入に慎重な姿勢を鮮明にした。さらに、2019年2月には、初めての「AI戦略」(7)を発表。AI兵器は人間のコントロール下に置き国際法や倫理に反しないようにする方針を明らかにした。アメリカは、予測不能な兵器システムの導入は作戦遂行の妨げになり、誤作動などによって意図せぬ交戦につながりかねないと本音では考えているようだ。指揮官の立場に立てば、予測不能で信頼のおけないAIの兵器システムの積極活用は、身勝手な行動ばかりする配下部隊に重要任務を託すようなもので、かえって作戦の妨げになるということなのだろう。

他方、最先端の軍事技術を他国に先駆けて開発し保有しておくことがアメリカの国防政策の確固たる方針でもある。軍事技術の戦略的サプライズの防止とその創造を任務とする「DARPA＝国防高等研究計画局」や陸海空軍ごとに抱える研究所では、AI兵器を含むさまざまな最先端兵器の研究が行われているのもまた事実だ。

これに対して中国は2017年、「次世代AI発展計画」を発表。2030年までにAI

技術で世界をリードするＡＩ強国をめざすと宣言した。また、ロシアのプーチン大統領も同じ年「ＡＩを支配する者が世界の統治者になる」旨の演説を行っている。

6　覇権を左右する軍事技術

科学者からの批判にさらされ、市民に不安の種をまき散らしながらも、一部の国がＡＩ兵器の開発を止めないのは、「ゲームチェンジャー」になりえるＡＩ技術で他国より優位に立つことが覇権の獲得につながるとみているからだ。これらのライバル国は、（直ちに配備はしないとしても）いざその技術が必要になる事態に備えて、「調査研究」の名のもとに技術開発は続けていくとみるべきだろう。

歴史を紐解けば新たな軍事技術を編み出した国家がいわばその時代の覇権を握ってきた。はじめ「石」や「こん棒」で戦っていた人類は長い年月を経て「鉄器」を手にする。紀元前1600年ごろ、鉄器で武装したヒッタイトがバビロン王朝を滅亡させ大帝国を築いた。そして、中世、「火薬」の発明が戦場での殺傷能力と破壊力に劇的な変化をもたらす。

火薬の出現は、銃や大砲、爆弾の出現を促し、その技術と戦術をいち早く導入した者が戦場の勝利者となった。日本でも、鉄砲の伝来が戦（いくさ）の仕方だけでなく戦国の歴史そのものを動かした。「航空機」「戦車」「潜水艦」などの登場もその時代の戦い方を根本から変えた。人類史上最大の破壊力を生み出した「核兵器」は、まさに世界の歴史を変え、いまもその保有国は国際社会に大きな影響力を保持している。

7 ドローンの大群

冒頭に紹介したNGO制作の「殺人ドローン」の動画は架空の話だが、小型ドローンの群れを、実際の軍の活動に投入しようという動きは現に存在する。ドローンの群れは「スウォーム」と呼ばれ、一部の国で開発が行われている。

米国防総省は2016年、FA18戦闘攻撃機からAIを搭載した103機の小型ドローンのスウォームを放出する実験を行った。上空に放たれたドローンの群れはまるで1つの生き物のように複雑な編隊飛行をしてみせた。驚くべきことにドローンは事前に飛行コースをプログラムされて飛んでいるのではなく、1つ1つに搭載されたAIによってその場で周囲の状況を判断し、互いにぶつかることなく飛行することに成功したという。

こうしたスウォーム技術を攻撃任務に使おうとしているとみられる国の1つが中国だ。令和元年版防衛白書によれば、中国は、2017年、米軍を上回る119個のドローンの群れを自律飛行させる実験に成功。さらに2018年5月には、200機からなるスウォーム飛行を行ったという。中国は台湾海峡有事などの際、米空母機動部隊を中国本土に近づかせないようにする「A2／AD＝接近阻止・領域拒否」と呼ばれる戦略をもとに軍事力を強化している。もし中国が対空母の戦術の1つとして無数の自爆型ドローンによる飽和攻撃を行ったとしたら、米軍あるいはその同盟国である日本は的確に対応できるのか。安価なドローンに高価な対空ミサイルで応戦するのは費用対効果が悪すぎる。近接防空用の機関砲ＣＩＷＳなどである程度撃ち落とせたとしても、ドローンの群れがその後に続く戦闘機や最新鋭巡航ミサイルなど大規模打撃力本隊の「露払い役」か「かく乱役」でしかなかったら、相当の苦戦を強いられることになるのではないか。

8　ＡＩが作戦を「指揮」

ＡＩの使用が想定されるのは単体の兵器だけではない。攻撃全体を指揮統制するシステムにもなりえるだろう。ＧＰＳでつかんだ敵と味方のリアルタイムの位置情報、保有する自軍の戦力の特徴、弾薬の種類や量、そして過去の軍事作戦から得られた教訓など、大量の情報をＡＩが判断し、どのような部隊の配置や攻撃の仕方が敵を打ち負かすのに最も有効なのかをＡＩが判断し、実行するというものだ。ＡＩは人間よりはるかに短時間で結論を導き出し、敵を圧倒するスピードで攻撃を仕掛けることができる。その際、作戦の一部には、敵の軍事システムを麻痺させるためのサイバー攻撃や、敵対する指導者の評判の失墜や政治や社会の混乱を狙ってフェイクニュースを流布する非軍事のサイバー攻撃も同時に行われるかもしれない。

9 憂慮される近未来

近未来の戦場は、人間の代わりにロボット兵器同士が戦うＳＦ映画のような単純な世界ではない。そこには、人間の兵士と、ＡＩを搭載したロボット兵器が混然一体となり、ＡＩによる作戦指揮システムに支えられて戦うという、より複雑なものになるのではないか。あるいは、ＡＩによって実行される軍事・非軍事のサイバー攻撃が相手の脆弱性をつくりだし、そこを突いて物理的な攻撃を行うといった戦い方も出現することになるだろう。また、最先端のＡＩ兵器を「持つ者」と「持たざる者」が争う非対称な戦争では、持つ者が持たざる者を圧倒し、一方的にせん滅してしまう残酷な戦いとなるかもしれない。

核兵器という無差別殺戮の巨人を生み出した人類はいま、人間のコントロールを超えるＡＩ兵器の出現という未知の危険領域に踏み出してしまうのか。もしも周辺国がそうした兵器を手にしたとしたら、日本はどのように対応するのか、私たちに多くの困難な問いが投げかけられている。

【註】

（１）https://futureoflife.org/2017/11/14/ai-researchers-create-video-call-autonomous-weapons-ban-un/

（２）令和元年版防衛白書、４２１ページ。

(3) NHK「クローズアップ現代+『車いすの天才ホーキング博士の遺言』」(2019年3月6日放送)より。
(4) https://futureoflife.org/ai-news/
(5) Draft Report of the 2019 session of the Group of Governmental Experts on Emerging Technologies in the Area of Lethal Autonomous Weapons Systems. Annex IV Guiding Principles.
(6) U.S. Department of Defense Directive Number 3000.09.
(7) Summary of the 2018 DOD Artificial Intelligence Strategy.

第17章　ドローン――戦争と社会はこう変わる

高橋秀行

1　はじめに

かつて、ドローン（drone）とは、軍事の世界で使用する無人兵器の代名詞であった。それが現在では、一般社会を支える重要な技術基盤として期待を集め、その導入に向けた努力が重ねられており、社会の仕組みを変えようとしている。一方、ドローンは兵器としての価値をさらに高めつつあり、戦争のあり方さえも変えようとしている。それでは、社会生活と戦争形態は、それぞれどのように変わろうとしているのだろうか。さらに、ドローンを導入できなければ社会はどうなるのだろうか。本稿は、これらについて考察したい。

2　ドローンとは何か

ドローンとは何かを簡単に整理する。ドローンの語源は、「雄蜂（drone）」と言われる。一般的にドローンは、無人航空機（Unmanned Aerial Vehicle, UAV）を指しており、例えば日本の航空法は、総重量が200g以上で人が乗れない航空機、と定義している。その操縦は、特別な免許を必要としないが、法的に飛行禁止空域、飛行ルールが定められている。

商用ドローンの魅力は、高性能と低価格の両立にある。高性能の基盤は、スマホなどの情報通信端末とドローンの送信機を組み合わせたネットワークにある。それにより操縦者は、飛行情報、例えば地図情報、不具合情報、電波環境などをリアルタイムで入手できる。また、コアとなる飛行制御技術はきわめて高く、例えば、各種センサーなどを組み合わせた高精度の静止飛行や地図情報とGPSを利用した自動飛行などができる。これらはほぼすべて、無料のアプリケーション・ソフトを介して行われ、飛行高度の制限超過や空港周辺などの飛行禁止空域への進入も自動回避する。高度な無線技術は、電波環境とバッテリー容量次第で5㎞程度の遠隔操縦を可能とする。飛行中は、搭載カメラの映像を見て操縦できるため、目視の範囲外でも飛行できる。モーターも強力で、数kgの重量物も輸送できる。

一方、ドローンは期待の反面、リスクも抱える。期待とは、活用範囲の広さである。活用範囲は、趣味に留まらず、専門分野まで拡大しつつあり、市場も世界的に拡大している。その一方でドローンは、社会生活上のリスクも生じている。その要因の1つは、匿名性である。ドローンは通信販売などで容易に入手できるほか、自作も可能であり、誰でも飛ばせる。そのため、不意の違法行為も考えられるが予見や特定が難しい。また、輸送能力は、災害時や離島間の輸送に力を発揮する反面、隠密裏に爆発物や銃火器の密輸などの違法行為に悪用されるリスクも有している。特定の空域の飛行や特定の行為を伴う飛行は、法的に特別な許可申請が要求され、無許可飛行は、取締りの対象となる。しかし、目の届かないところで行われるドローンの違法行為は防げない可能性があり、それは安全保障上のリスクも同様である。つまり、ドローンの匿名性は、他国の軍事組織や非国家主体のテロ組織による侵略行為の予防や犯人の特定を難しくする。優れたカウンター・ドローン技術も開発されつつあるが、技術的な対抗策や制約も存在している。

3　社会生活の変化

それでは、ドローンの導入は社会生活をどのように変えていくのだろうか。

日本では、2015年11月に「未来投資に向けた官民対話（第2回）」が行われた。その中で安倍首相は「早ければ3年以内にドローンを使った荷物配送」をめざすと発言した(1)。その後、「小型無人機に係る環境整備に向けた官民協議会」が設置され、2016年4月に「小型無人機の利活用と技術開発のロードマップ」、2017年以降は毎年「空の産業革命に向けたロードマップ」を発表している。このロードマップは、ドローンの安全な利活用のための技術開発と環境整備に関する道筋を示すものである。その道筋は、4つのレベルを中心とする。レベル1は、ドローンの操縦者が機体を目が届く範囲内で操縦する目視内飛行。レベル2は、自動・自律による目視内飛行。レベル3は、山、海水域、河川、森林等の無人地帯において、機体が目の届く範囲を越える目視外飛行である。現在は、このレベル3の段階にあり、着手時期は2019年度以降とされている。そしてレベル4は、有人地帯での第三者上空飛行を含めた目視外飛行である。これは、都市部の物流、警備、災害発生直後の避難誘導などが想定され、着手時期は2022年度以降とされている。このロードマップがめざすところは、人口密度の高い地域において、より重量のある多くの機体が同時に飛行し、普通の航空機や空飛ぶ車と共存するレベルの実現である。その実現のためには、より高いレベルの環境整備が必要となる。中でも、空の運航管理システムであるUTM（Unmanned Traffic Management）の社会実装や衝突回避技術、国際標準との整合、安全で高度な自律飛行ができる機体の実現は、重要とされる(2)。

UTMの実証実験は、米国のNASAが先行しているようである。NASAは、航空管制システムとドローンの運航の違いに着目し、空域の状況認識を高める研究開発を連邦航空局（Federal Aviation Administration, FAA）と共同で行ってきた。その研究は、技術能力レベル（technology capability levels, TCL）と呼ばれ、4つのフェーズに分かれている。TCL1からTCL3は2018年春までに完了し、TCL4は、2019年5月から8月にかけて行われたようである。TCL4は、UTMによってドローンを都市部に適応させる研究である。都市部の景観は、人口増加に伴って変化し、ドローンの障害物となる。実証実験は、このように変化する障害物を回避しながら、特定の天気や風の影響、目視の機会の減少、無線通信能力の低下、安全な着陸場所の減少といった環境条件を適切に克服する必要がある。これらを実現するための通信インフラは、携帯電話ネットワークを利用したものになるといわれている(3)。

各国は、ドローンの社会実装化に向けて取り組みつつあるが、社会生活に適応できるかは安全性や信頼性の確保が焦点となり、技術的な課題の解決が必要となる。それが確保できれば、社会生活は大きく変わる。日本ではロードマップ上、2022年度以降に都市部で有人航空機と無人航空機の共存に取り組む。実現した場合、物流や空飛ぶ車によって人や物の流れも変化する。過疎化が進む地方も物流や救援活動にドローンが活用されれば、ライフラインの確保につながる。多様な領域への活用が広がれば「空の産業革命」が達成される。

活用領域の拡大は、経済も刺激する。今後、産業界の業種は、実証実験次第で都市部の荷物配送、農作物の生育管理、鳥獣害による農業・漁業の被害防止、測量技術の向上、市街地等の広域巡回警備なども加わる。例えば、千葉大学名誉教授の野波健蔵氏は、ＰｗＣグローバル調査の資料を引用して、世界市場の推計額が2020年代後半に約14兆円規模に達し、社会基盤・設備保全は5兆円、物流は1・4兆円、警備・レスキューは1・1兆円にそれぞれ拡大すると述べている。その一方で欧州市場を例に、国によって規制に差があり、技術開発、操縦士の活動が制約されていると指摘する(4)。ドローンの社会実装は、国際標準との整合も重要となる。

4 戦争形態の変化

それでは、ドローンの導入は戦争形態をどのように変えていくのだろうか。

いわゆるドローン兵器の使用と開発は、増加傾向にある。例えば、2019年6月20日、イランはホルムズ海峡付近を飛行する米国のRQ-4グローバル・ホーク（Global Hawk）を撃墜した。約1カ月後の7月24日、ホルムズ海峡を航行中の米海軍強襲揚陸艦ボクサー（USS Boxer）は、イランの無人航空機1～2機を撃墜した。ボクサーは、MADIS（Maritime Air Defense Integrated System）という妨害電波装置を使用したと言われる(5)。さらに2019年9月14日、イエメンのフーシ派によるものと見られるドローンがサウジアラビア東部の石油施設を攻撃した。フーシ派の攻撃は、予防できず、また、非難の矛先もイランに向けられた。そこに、ドローンが持つ匿名性の特徴が見受けられる。

他方、ドローン兵器の開発も進みつつある。例えば米国は、単体の兵器システムに高いコストをかけて高性能を追求する考えから、高性能ながらも低コストを実現しつつ、単体ではなく群制御（swarm）を用いた戦闘コンセプトを追求する方向に向かいつつある。

群制御技術に対する取組みは、米国の高等研究計画局（Defense Advanced Research Projects Agency, DARPA）の「グレムリン（Gremlins）」、米海軍の海軍研究局（Office of Naval Research, ONR）の「低コスト無人航空機群制御技術（Low-Cost UAV Swarming

Technology, LOCUST)」、米国防総省の戦略能力局（Strategic Capabilities Office, SCO）のPerdix に見られる。群制御技術の強みは、兵器を失うリスクの分散、低コスト化の実現、戦闘力の敏捷性向上である。例えば、敵の攻撃は、味方の高価値兵器に集中する。その兵器システムが戦闘コンセプトの中心である場合、これを破壊された部隊は戦闘継続が難しくなる。しかし、分散化した兵器システムは、一部が欠けても比較的早期に代替戦力を再投入できる。分散化による低コスト化は、配備、整備、再配備という物流の流れの高速化にもつながる。それは、戦闘力の総体的な敏捷性を向上させる。つまり、指揮系統のつながりにおける戦闘サイクルの高速化が期待できる。高度な技術の拡散とともに、早い速度で進行する現代戦において、このような機能の実現は重要となる。これは、高い戦闘力にカスタマイズされた、高額な兵器の交換問題を抱える米国にとって朗報となる。低コストのリサイクル兵器による戦闘力の強化は、長期の持久戦が予想される現代戦において、戦闘様相を有利な方向に位置づけ続けるための持続可能な競争力の維持に役立つ(6)。

群制御技術は、水上、水中にも波及しつつある。例えば米海軍は、空中、水上、水中のドローンをワン・パッケージにした「ゴースト艦隊（Ghost Fleet）」を構築したいと考えている。2018年、海軍作戦部長のリチャードソン（Admiral, J. M. Richardson）は、『海上優勢の維持への構想2・0（A Design For Maintaining Maritime Superiority Version 2.0）』の中で、2020年代の大規模な無人システム導入計画に言及している(7)。これらの無人システムは、兵員を危険にさらすことなく、広範囲の戦闘任務を遂行する。それぞれのドローンは、群れを形成して、自律的に行動し、敵の捜索や攻撃、機雷の捜索と破壊、物資輸送、偵察等を行う。これらは、陸上、海上、海中、空中においてドローンが任務を行うクロス・ドメイン（Cross Domain）の新たな戦闘様相を実現する。特に米軍は、水中のドローンを重視しつつある。つまり、軍事的な匿名性を高める方向に向かっている。

最近の基礎技術の進化が、このような動きを後押ししている。例えばＵＡＶの開発を制約していた一因は、重量と航続距離の両立であった。多機能化や燃料、バッテリー容量の増加は、機体を大型化する。重量が増えると航続距離や滞空時間も減る。しかし、例えばカーボン・ナノチューブ技術は、航空機の構造強度を保ちつつ、重量を劇的に削減できる。また、バッテリー容量も技術開発で増加しつつあるといわれる(8)。つまり、技術の段階的な進歩は、ドローンの開発を制約していた限界を突破する大きな意味を持つ。一方、水上や水中の無人システムは、重量の制約が少ない。そのため超大型の無人潜水艦も実現できる。このような無人システムは戦略性を持つ。なぜならば、核弾頭を搭載できるからである。例えばロシアは、核弾頭を搭載した原子力推進型無人潜水艦の「ポセイドン（Poseidon）」を開発中である。海軍研究所（U.S. Naval Institute）によれば、その目的は敵の沿岸地域における経済要素に被害を与え、広範囲にわたる放射能汚染地域を作ることにあるといわれている(9)。このようにドローン兵器は、戦争形態を領域横断的な方向にシフトさせるなど、既存の戦い方にパラダイム・シフトを起こすかもしれない。

5　おわりに

以上、一般社会と戦争に導入されつつあるドローンによる、社会生活と戦争形態の変化について考察した。一般社会と戦争に投入されるドローンの技術は、まだ発展段階にあるものの、遠くない将来に実現する可能性がある。それは、社会生活と戦争形態を一変させる。これまでドローンの発展を制約していた技術とコストの問題は、時代の流れとともに解決しつつある。そのため、ドローンの導入は加速するかもしれない。その流れの中でドローンを導入できない社会は、もはや想定できない。つまり、世界は確実にドローンの活用を前提とする社会に向かいつつあり、技術の追求や社会に適応する努力がなければ、国内の生活レベルや国際的な競争力の低下を招く可能性も否定できない。また、安全保障面では単なる兵器システムの進化ととらえるべきではなく、相互に連結する組み合わせ方次第で、これまでとまったく異なるメカニズムの戦争形態が出現する可能性を有している。特に、戦略的な能力や匿名性、ならびに今回言及しなかった自律化の問題が合わさることによって、事態は思わぬ方向へ進む可能性がある。今後もドローンの動きに注目する必要がある。

【註】

（1）首相官邸「未来投資に向けた官民対話（第2回）」、２０１５年11月15日、http://www.kantei.go.jp/jp/singi/

keizaisaisei/kanmin_taiwa/dai2/gijiyousi.pdf、２０１９年９月23日アクセス。

（２）小型無人機に係る環境整備に向けた官民協議会「空の産業革命に向けたロードマップ２０１９」、２０１９年６月21日、https://www.meti.go.jp/policy/mono_info_service/mono/robot/drone.html、２０１９年９月23日アクセス。

（３）NASA, "What is Unmanned Aircraft Systems Traffic Management?," May 4, 2019, https://www.nasa.gov/ames/utm, accessed September 23, 2019.

（４）野波健蔵『ドローン産業応用のすべて―開発の基礎から活用の実際まで―』オーム社、２０１８年２月16日、４－６ページ。

（５）Sam LaGrone, "UPDATED: USS Boxer Downs Iranian Drone in 'Defensive Action'," ***USNI News***, June 18, 2019, https://news.usni.org/2019/07/18/uss-boxer-downs-iranian-drone-in-defensive-action, accessed September 29, 2019.

（６）T. X. Hammes, "Cheap Technology Will Challenge U.S. Tactical Dominance," ***Joint Force Quarterly***, 81, 2nd Quarter, 2016, p. 84.

（７）Chief of Naval Operations, ***A Design For Maintaining Maritime Superiority Version 2.0***, U.S. Navy, December, 2018, p. 9, https://www.navy.mil/navydata/people/cno/Richardson/Resource/Design_2.0.pdf, accessed September 20, 2019.

（８）T. X. Hammes, "Cheap Technology Will Challenge U.S. Tactical Dominance," pp. 77-78.

（９）Norman Polmar, "'Status-6' Russian Drone Nearly Operational," ***Proceedings***, Vol.145/4/1,394, April 2019.

第18章　スペースセキュリティー
―大国間競争時代における宇宙安全保障

吉田正紀

1　はじめに

「宇宙…そこは最後のフロンティア。これは、USSエンタープライズが、新世代のクルーのもとに24世紀において任務を続行し、未知の世界を探索して、新しい生命と文明を求め、人類未踏の宇宙に勇敢に航海した物語である。」（スタートレックTNG：The Next Generation 1987-94 オープニングメッセージ）

ここで使用される「フロンティア」には未開拓の領域に人類が挑戦するという、「夢」、「希望」といった前向きな語感が感じられる。また、日本において一般の国民レベルが抱く「宇宙」というイメージも、「アポロ11号による月面着陸」、「はやぶさの快挙」、「国際宇宙ステーション」といったポジティブイメージが多い。この理由の一番大きなものは宇宙空間というものが、他の陸、海、空という領域に比して日常的でない―非日常への憧憬―を含んでいるからであるが、もう1つ、宇宙空間の利用が開始された冷戦という時代に関係していると考える。冷戦とは米国とソ連という大国が陸、海、空という伝統的な領域に続く宇宙という「第4の次元」においても覇権を激しく競った時代であったが、その利用の拡大が主として米ソ間の「核競争」、「核抑止」という、戦後の日本が政策的にも、学術的にも、そして国民一般感情としても忌避してきた戦略的な文脈で生起したことに関係すると考えられる。したがって、本稿では、冷戦という、米ソ両大国が覇権を争った時代における宇宙領域の進化の過程に焦点を当てつつ、「米中（新）冷戦」（"A New Cold War Has Begun" ロバート・カプラン）とも呼ばれる、新たな大国間競争時代における宇宙安全保障について論じる。

2 冷戦時代の宇宙空間における大国間競争の様相

冷戦時代の宇宙空間の進化は、冒頭で触れた通り、主として、米国とソ連の間のより広範な文脈（核競争）によって形づくられた。それは、核兵器が最初に爆撃機に、次に地上配備の大陸間弾道ミサイル（ICBM）に、そして最後に潜水艦発射の弾道ミサイル（SLBM）に配備されるというものであった。冷戦の間、双方の情報収集の関心は核戦略の規模、能力、そして優先度は落ちるものの通常戦力の配置に指向した。例えば、米国の政治・軍事指導者の頭の中を、冷戦の大部分の期間を通じて占めていた3つの喫緊の「情報収集（Intelligence）」の問題は次のようであった。

・ソ連の核戦力とワルシャワ条約機構の通常戦力の戦力規模、配置、能力は?
・ソ連は米国の報復攻撃に対抗するためにどのような防衛策を取っているのか?
・ソ連の核(または従来の)攻撃は切迫しているのか、それとも進行中なのか?

これらの疑問に答える上での最大の課題は、米国がソ連の「奥深く」を見ることができなかったことであった。そうした中で、1957年のソビエト連邦のスプートニク衛星の低軌道への打ち上げ成功は、宇宙時代の到来を告げたが、米国にとっては「スプートニクショック」と呼ばれるように、ソ連の核兵器の小型化の可能性と相まって、ICBM能力の非対称性、あるいは1959年後半までの米ソ間の「ミサイルギャップ」に対する新たな懸念へとつながった。ソ連のICBMの大量弾着により、既存の警戒態勢の回線は一夜にして不十分なものとなり、地上配備の弾道ミサイル早期警報システムの建設が直ちに開始された。しかし、このレーダーシステムは、政治指導者たちにICBM攻撃を警告するわずか数分の時間しか与えなかった。米国の解決策は、情報と警告のギャップを埋めるために宇宙能力に目を向けることだった。宇宙をベースとするリモートセンシングは、このような情報を収集するための特に効果的なツールを提供した。宇宙はまた、敵のミサイル発射を早期に警告し、遠く離れた核運搬プラットフォームの指揮と制御を支援するためにも利用された。

以下時系列で冷戦期の宇宙空間における米ソの競争を概観すれば、1970年までにはエレクトロニクス革命が進み、宇宙開発と競争能力が拡大した。1970年代には、衛星から衛星への中継機能が配備され、電子ベースの画像処理技術の進歩と相まって、軌道から外れたフィルム缶を回収して処理するのではなく、地上局に画像を電子的にダウンロードすることが可能になった。画像収集技術の変化に加えて、衛星軌道の多様性は、宇宙のより大きな利用に対するミッション要求の増大とともに拡大した。競争空間としての宇宙技術も1970年代に進歩した。ソ連は、地上に設置されたレーザーで映像装置を妨害し、アップリンクおよびダウンリンクの無線周波数（RF）妨害装置を配備し、軌道上にある対衛星兵器（ASAT）の実証に成功した。しかし、1980年代を通して、エレクトロニクスおよび宇宙関連技術における米国の主導権は明らかになった。全地球測位システム（GPS）計画は何度もキャンセルされそうになりながら、最終的には1989年に最初の実用衛星ブロックⅡの打ち上げに至った。この時期の最も重要な投資は、宇宙競争の開発に集中した。米国は、1983年から宇宙空間におけるミサイル防衛システムの構築をめざし、戦略防衛構想（SDI）を推進した。オハイオ級SSBN、精度の高いTridentⅡ（D5）SLBMの開発、中距離核戦力の欧州配備などから、こうした米国の攻勢は、ソ連指導部にとって非常に憂慮すべきもの（米国が先制攻撃の優位を築こうとしている）であったため、1986年のレイキャビク・サミットでは、SDI技術を実験室に限定する代わりに、戦略兵器を10年以内に廃絶することを提案したが、レーガン大統領はこれを拒否した。これを受けて、ソ連は1987年に米国のSDI衛星に対抗するために設計された宇宙用レーザーの実証を試みたが、システムは軌道に乗ることができなかった。米国の潜水艦・ステルス技術や中距離核戦力の進展と同時に戦えなくなったロシアは、戦略兵器削減交渉の扉を開いた。そして、宇宙開発競争と同じく、冷戦そのものもソ連が米国に屈服する形で米国の勝利で終焉を迎えた。

冷戦期間中、ソ連も米国も、通常の作戦（例えば、外洋監視、海上攻撃の早期警戒、地平線を越えた通信）を支援するためにも宇宙開発能力を活用したが、その支援は限定的なものであった。冷戦時代には宇宙で競争が生起したが、宇宙の能力は主に国家レベルの情報収集と戦略的核競争に焦点が当てられていた。1970年と1980年のいくつかのわずかな例外を除いて、宇宙は一般的に作戦上または戦術上の目的で利用されていなかった。また、宇宙システムは相手の核搭載弾道ミサイルの発射を早期に警告し、核の指揮統制（NC2）を支援したことから、両国は、戦略的安定性を強化し、核戦争への偶発的拡大のリスクを軽減するために、米ソはミサイル警告や戦略通信衛星に関する「ハンズオフ」政策を採用した。米ソ双方は、これらの宇宙能力を戦略的に安定化させるものとみなし、これを大幅に破壊しようとはしなかった。こうして、冷戦終結後も米国の高度な開発能力を備えた比較的新しい宇宙インフラは残ることとなった。

3　冷戦後の宇宙空間の進化――米国一強時代

1990年代は、米国の宇宙システムに対する脅威が崩壊し、宇宙関連の情報技術の拡散が加速したことから、「宇宙の黄金時代」と呼ばれている。核競争の重要性が低下するにつれて、米軍は運用上および戦術上の目的で、冷戦後に残った米国の高度な開発能力を備えた比較的新しい宇宙インフラと、急速に成熟しつつある宇宙開発能力を活用し始めた。核戦力の指揮統制やミサイル監視のための機能は、そのまま通常のミッションにはるかに多く利用されることとなった（二重利用）。また、エレクトロニクスの継続的な進歩により、民間通信市場が活況を呈し、遠隔操縦による航空機の操縦や、戦場への高速データ送信といった軍事能力が実現した。ＩＳＲシステムと、軍民両用のユビキタスＧＰＳ測位データは、目標位置の誤差や兵器誘導の誤差を減らすことで攻撃精度を大幅に向上させ、「１つの爆弾、１つの標的」の時代を切り開いた。さらに、データのリアルタイムの交換と融合は、通常戦力が戦域規模で移動目標や海上目標を発見し、保持し、攻撃することを可能にした。これは冷戦時代には不可能であったことである。また、宇宙と地上の能力が統合されたことにより、作戦のテンポが速まり、米軍の兵力構成が大幅に縮小されたため、大きな成果が得られた。例えば、２００３年にイラクを攻撃した米空軍は、12年前の「砂漠の嵐」作戦に比べて、爆撃機を42％、戦闘機を54％削減したが、主に宇宙配備型のＩＳＲ、ネットワーキング、精密性により、攻撃力は３７０％増加した。さらに、宇宙空間での精度とデータの融合は、小型爆弾のような小型兵器の開発につながり、Ｆ-35のような新しい航空機の設計に大きな影響を与えた。このように、宇宙システムによって可能になった小さな目標位置誤差と正確な兵器誘導は、新しい攻撃プラットフォームと兵器の開発と配備、および戦力構成計画に組み込まれた。1990年から2000年にかけての米国の考え方は、従来の抑止が失敗した場合、地上戦力と宇宙戦力の緊密な連携によって可能となった高い作戦テンポが決定的になると考えていた。しかし、これらの進展は、最も依存度の高い宇宙システムが攻撃に対しても脆弱であるという、米軍にとっての大きな問題を浮き彫りにした。精密航法や精密時機の劣化、宇宙ベースのリモートセンシング、または地平線を越えた通信は、何らかの障害が起こった場合、米軍にとって大きな運用上の影響を及ぼすことになる。したがって、この宇宙空間における米国の圧倒的優位性は、米国に敵対する（しようとする）国に対し、危機や紛争の期間に米国の宇宙システムを攻撃しようとする強い動機を持たせることとなった。

では、米国に敵対しようとする国、言い換えれば、米国の宇宙空間における優位性と裏腹の脆弱性を突こうとしていると米国が考えている国とはどこなのか？　以下、オバマ政権からトランプ政権へとある種の連続性を持って、そして現在では超党派のコンセンサスを得ている米国の対中脅威認識について概観する。

4　新たな大国間競争時代の幕開け

筆者は、2015年夏、米国防衛駐在官として勤務した後にワシントンDCに7年ぶりに戻り、今度は一民間人の立場で、国際安全保障、特に米政権の安全保障政策や戦略を中心に調査分析を開始した。私がDCを離れた年に国民の熱狂的な期待を背負って誕生した、オバマ政権は2期目が発足してすでに1年が経っていた。この時点での、オバマ政権の状況を概観すれば次の通りである。

「オバマ政権の特徴である、リベラルな世界観に基づき大国（ロシア、中国）とは戦略的な互恵関係をもって、「核のない世界」の実現、「温暖化対策の推進」という理想主義的な課題に取り組もうとしたが、現実の世界では欧州方面での強権的なロシアの復活、中東でのISILを中心とするイスラム過激主義の勃興を招き、アジア太平洋方面では中国の勢力の拡大が進み、北朝鮮への戦略的忍耐という「放置政策」で核・弾道ミサイル開発が進展し、米国の影響力は相対的に低下した。これを受けて2015年のオバマ政権第2期の国家安全保障戦略における脅威認識は大きく変化した。」

そして、その年12月には、ロバートワーク国防副長官（当時、トランプ政権発足後もマティス国防長官の強い要請を受けて、2017年夏まで留任）は「冷戦終結から2012年の中国による南シナ海における埋め立てやロシアによる非合法なクリミア併合（illegally annex）が起きるまでの25年間は、米国が唯一の強大国（superpower）であった。そのような状況は我々に行動の自由を与えてきたが、状況は変わった。現在最も強調されているチャレンジとは、大国間の競争（great power competition）である。」と述べ、さらに「中国は（米国にとって）より長期的な戦略的チャレンジとなっている。…関係の競争的な面について看過してはならない」として、初めて公の場（CNAS）で「大国間競争」というワードを使用した。

こうした、オバマ政権後期に国防総省を中心に顕在化した情勢認識と戦略は、トランプ政権の初期において安全保障政策の中心となったＧｅｎｅｒａｌｓ（マティス国防長官、マクマスター国家安全保障担当補佐官、ケリー大統領補佐官等々の退役、現役将軍グループ）によって継承され、ともすれば、「オバマ政権の政策をすべて否定する（"Anything But Obama"）」という大統領個人の強烈なパフォーマンスによって、不連続性ばかりが強調されるトランプ政権にあって、相当の連続性を持って、国家安全保障戦略（NSS2017）と、国家防衛戦略（NDS2018）に結実した。トランプ大統領の『世界は「グローバルなコミュニティ」ではなく、国家、ＮＧＯ、企業が有利に働きかけるための競技場（Arena）」（２０１７年５月ＷＳＪ：マクマスター国家安全保障担当補佐官の寄稿文）という世界観をベースに、国家安全保障戦略（NSS2017）では中国およびロシアを国際秩序の現状を力で変更しようとする「修正主義勢力」と位置づけ、国家防衛戦略（NDS2018）では、脅威の優先順位として、最優先課題を中国およびロシアとの大国間競争と整理した上で、戦略的アプローチとしては、今後長期にわたる大国間競争に勝ち抜くために、あらゆる国力（外交、情報、課報、経済、財政、法執行機関、軍事）を統合し、同盟国／パートナー国との関係を強固にし、米国の技術革新を推進する必要がある。とし、その戦略の柱として、強い統合軍の再建—重要な能力の改善（核戦力、宇宙／サイバー、Ｃ４ＩＳＲ、ミサイル防衛、敵機動戦力投射プラットフォームへの攻撃能力、前方展開／回復力、人工知能を含む無人化の推進、機動性かつ回復性に富んだ兵站等）、革新的な運用構想、優秀な人材の活用等—を挙げた。その中で、宇宙に関して、「宇宙における商業および軍事利用に対する新たなビジネス、政府および経済インフラのあらゆる側面で連接性が高まると重大な脆弱性が生じる。紛争においては、我々の重要な防衛、政府、経済インフラが攻撃に晒されると想定しなければならない」とした。こうした戦略では、ロシアと中国いずれも大国間競争の相手として並記しているが、現在までに米国が実際にとった軍事（Military）、情報（Intelligence）、経済（Economy）、産業・技術（Technology）に跨る政策や行動をみれば、CSIS副所長のマイケル・グリーン氏が国家安全保障戦略（NSS2017）発表直後に、「…このNSSには過去からの明白な決別を示し、将来的な米国の戦略思想を伝える1つの要素が存在する。―それは、「中国との大国間競争」ということである。」と看破したとおり、中国を最大の競争相手として位置づけていることは明白である。

5　宇宙空間における対中脅威認識

つまり、ソ連との競争は終わったものの、中国は米国の宇宙における新たなライバルに浮上した（ロシアは依然として脅威であり、無視されるべきではないが）。しかし、ソ連とは異なり、中国の経済は活気があり、規模も大きく（10年以内に米国経済を追い抜く可能性が高い）、そして強固で成熟した技術基盤を持っている。さらに中国は、拡大する経済力を地域および世界の軍事力を強化する防衛投資に活用している。逆説的ではあるが、中国の戦力投射能力が成熟し、戦略地政学的目標が拡大するにつれて、宇宙への依存も拡大することとなり、米中の宇宙競争が激化する中で、双方は、それぞれの宇宙配置を攻撃に対してより抵抗力のあるものにするだけでなく、相手の宇宙対抗能力を危険にさらすことなく維持するインセンティブを与えられるだろう。後者の多くは互いの国内に位置しているため、自分の宇宙インフラに対する脅威を無力化することを目的とした攻撃は、重大なエスカレーションリスクをもたらす可能性がある。簡単に言えば、宇宙空間での紛争と地球上での紛争はすでに複雑に絡み合っており、今後数十年のうちにさらに複雑になる可能性が高い。

米国が最も懸念しているのは、中国の対宇宙戦略の進展である。多くの専門家が「中国のカウンタースペースシステムは、われわれが依存するようになった宇宙システムを破壊したり、劣化させたり、破壊したりするように設計されている。競争のこの次元における適切な比較は、中国が米国の対宇宙システムより優れた対宇宙システムを持っているかどうかではなく、比較すべきは、これらの脅威に対する保護の展開における米国の進展と比較した場合の、中国の対宇宙システム開発の進展である。」と指摘している。

6 おわりに

2020年の段階でも、米国の宇宙領域での全体的な優位性は確保されていると、米国自身は認めているものの、冷戦初期にスプートニクショックによって短期間ではあるが優位性を喪失し、そこから国力すべてを傾けて優位性を奪回し、最終的に自由主義システムの有する優位性によって冷戦に勝利した米国にとって、当時のソ連とはまったく異なる国家システム（国家資本主義、軍民共同）でヒタヒタと後を追ってくる「Pacing Threat」に対する警戒感―ひょっとすると恐怖感―をDCでヒシヒシと感じている。宇宙はよく海洋との類似性が指摘されるが、海洋にはここ100年で国際的なコンセンサスによって多くのルールセッティングが存在する。例えば、我が国が主導して提唱する「Free Open Indo-Pacific」構想は中国を含めて賛同せざるを得ない規範性と普遍性がある。しかし、宇宙にはそのようなコンセンサスは形成されていない。また、冷戦期において「暗黙の了解」として米ソ間にあったEscalation 防止の合意や、相互抑止の理論もない。まさに現在の宇宙空間はフロンティアのもう1つの意味である、統治の及ばない、秩序が形成されない「辺境」の地であると言わざるを得ない。

第19章　サイバーセキュリティー
ーカギを握るサイバージオポリティクス

大澤　淳

1　サイバー空間をめぐる世界情勢

ＩｏＴ社会という、我々の身の回りのあらゆるものがインターネットに接続される時代が目前に迫る。インターネットの急速な普及により、我々の経済活動、社会活動などさまざまな活動がサイバー空間に依拠するようになってきている。

インターネットへの依存度に反比例して、サイバー攻撃のリスクは増大している。重要インフラに対するサイバー攻撃は、国家の機能を麻痺させ、物理的な武力攻撃と同様の人的・物的損害を引き起こしかねない。サイバー空間では、国家が関与したとみられるサイバー攻撃が、この10年で急速に増加し、またその被害も深刻化している。このようなサイバー攻撃の中には、民間の防御では防ぐことができない攻撃も出現している。

米国は２０１８年9月に公表した『国家サイバー戦略』において、「ロシア、中国、イラン、北朝鮮の４カ国は、米国に挑戦するためにサイバー空間を利用している」と述べたうえで、「これらの敵国は、サイバーという道具を用いて、我々の経済と民主主義を弱体化させ、知的財産を奪い、我々の民主主義のプロセスに争いのタネを蒔いている」と指摘し、ロシア、中国、イラン、北朝鮮の4カ国をサイバー空間における「敵対国」として明確に名指しした。

その米国も、サイバー空間を利用した反撃を実施していると言われている。2019年6月に発生したホルムズ海峡付近を航行するタンカー2隻に対する攻撃に対して、米軍のサイバーコマンドは、イラン革命防衛隊と関連する組織にサイバー攻撃を実施（米CNN報道）。また、2018年の米国中間選挙にロシアがサイバーで介入しようとした試みに対しては、国防総省のNSA（国家安全保障局）と米軍サイバーコマンドが共同で先制サイバー攻撃を行い、ロシア機関のネット接続を妨害し、ロシアの悪巧みを妨害（米ワシントンポスト紙報道）。米国は、2016年に中東のイスラム国（ISIS）との戦いにおいても、イスラム国のネットワークにサイバー攻撃を行い、これを麻痺させている（米CNN報道）。

サイバー空間は近年、国家の戦略目的を達成し、意思を表示する場として利用されるようになっている。グローバリゼーションが後退し、国家の生存に関わる安全保障が優先されるリアリズム（現実主義）が国際政治に戻ってきたと言われているが、サイバー空間もこの回帰現象と無縁ではない。攻撃の実行者を隠匿しやすいサイバー空間では、国家相互のリアリズム的な対立がより先鋭的な形で現れやすい。

さらに、サイバー地政学をめぐる米中対立も激しさを増している。中国政府は一帯一路構想の一環としてユーラシア大陸の通信基盤整備を推進しており、これが完成すると、中国中心の通信網がユーラシア大陸に構築される。そのような中国によるユーラシア大陸の通信網の囲い込みは、「ユーラシアのハートランドにおいて、優越的なランド・パワーを誕生させない」という米国の地政学的安全保障観の琴線に触れ、米中の間の深刻な構造的対立を招きつつある。

トランプ大統領は2019年5月、安全保障上懸念のある中国のＨｕａｗｅｉ（華為技術）等の通信機器の国内通信サービスへの利用を禁止する大統領令を発した。同時に米国商務省はＨｕａｗｅｉ社およびその関連会社70社を米国輸出管理規則（ＥＡＲ）に基づく輸出規制の対象となる「懸念先リスト（entity list（ＥＬ））」に掲載すると発表した。米国にとってみれば、「サイバー空間の支配」は、自国の世界政治経済の覇権を維持する「重要な資源」でありかつ「資本の主要な源泉」である。ビッグデータを生み出す「サイバー空間の支配を譲らない」というのは、米国にとっての「核心的利益」である。Ｈｕａｗｅｉをめぐる一連の問題には、この米中両大国の「サイバー地政学」と覇権をめぐる争いという構造的要因が横たわっている。

2　国家が関与するサイバー攻撃の現状：ロシア、中国、イラン、北朝鮮

米国がサイバー空間における「敵対国」として名指ししたロシア、中国、イラン、北朝鮮について、これらの国が関与したと指摘されているサイバー攻撃を概観すると次のようにな

る。

ロシアが関与したとされるサイバー攻撃の特徴は、①周辺国に対する「機能妨害型」「機能破壊型」サイバー攻撃を伴う「ハイブリッド戦」、②欧米をはじめとした民主主義国に対する「情報操作型」サイバー攻撃を伴う「情報戦」、である。

2007年、エストニアの政府、議会、報道機関、金融機関に対して大規模な「機能妨害型」のサイバー攻撃が発生した。攻撃の手法は、DDoS（分散型サービス拒否）攻撃で、攻撃者のコントロール下に置かれた数万台もの世界中のコンピュータ群からの通信要求が一斉にエストニアを襲い、金融機関のATMやオンラインバンキングが停止するなど、市民生活は混乱に陥った。ロシアとの紛争を抱える旧ソ連圏の国々では、2008年リトアニア、2008年と2019年ジョージア、2009年キルギスタンでエストニアと同様の「機能妨害型」のサイバー攻撃が発生している。

2015年には、国家が関与する世界初の重要インフラへのサイバー攻撃がウクライナで発生した。ウクライナは2014年のクリミア危機以降、ロシアとの間で紛争状態にあった。2015年12月、ウクライナ西部の電力会社で制御系のコンピュータを乗っ取るサイバー攻撃が発生し、22万世帯で数時間にわたり停電が発生した。

さらに2017年6月には、同じくウクライナをターゲットとしたマルウェア「Not-Petya」による大規模な「機能破壊型」サイバー攻撃が発生。このマルウェアは、感染したコンピュータのハードディスクデータをすべて暗号化して使用不能にする、というタチの悪いものであった。ウクライナを攻撃対象としたサイバー攻撃であったが、マルウェアの感染力が強かったことから、感染がウクライナ国内から世界中に広がり、グローバル企業が次々に犠牲となった。代表的なものでも、デンマークのマークス（海運業）、米国のモンテリーズ（食品業）、FedEx（空運業）、英国のＷＰＰ（広告代理業）など世界有数の企業が被害にあった。「Not-Petya」によって多国籍企業が被った損失額は、マークスが少なくとも３３０百万ドル（約３６０億円）、FedEx が３００百万ドル（約３２４億円）など、全体で１千億円以上にのぼると試算されている。

ロシアが関与したとされるサイバー攻撃は、このような「機能破壊型」以外に、我々民主主義国にとって深刻な脅威となる「情報操作型」の攻撃にも及んでいる。米国では２０１６年の大統領選挙において、ロシア政府の関与が指摘されるサイバー攻撃グループ「ＡＰＴ28」や「ＡＰＴ29」がサイバー攻撃を行い、民主党の全国委員会から内部情報を盗みだし、民主党のクリントン候補が不利になるような情報を WikiLeaks を通じて公開した。これ以外にも「トロール部隊」を用いて、ＳＮＳ上でクリントン候補が不利になる偽ニュースが流布され、大統領選挙の最終結果に大きな影響を及ぼしたといわれる。２０１９年3月に公表されたモラー特別検察官による捜査報告書は、ロシア政府関係者が２０１６年の民主党への攻撃に関与したと告発しており、告発に基づいて米司法当局は12名のロシア情報機関当局者を訴追している。同様の「情報操作型」サイバー攻撃は、２０１７年のフランス大統領選挙やドイツの総選挙でも発生している。

中国が関与したとされるサイバー攻撃は、「情報窃取型」の特徴を持っている。相手国の政府や政府機関が持つ「政策情報」の窃取、中国政府の関心事項である「政治情報」の窃取、中国の科学技術の発展に資する「知財情報」の窃取、中国企業をビジネス上有利にする「企業秘密」の窃取を積極的にサイバー空間で行っている。

このうち有名な例としては、2013年1月に発覚した米ニューヨーク・タイムズ紙のコンピュータ・ネットワークに対する侵入事案がある。同紙が2012年10月に温家宝首相一族による不正蓄財を報道した直後からサイバー攻撃が行われた。攻撃を分析した米セキュリティ会社Mandiant社（現在は米FireEye社が吸収）およびNYT紙は、中国政府がかかわった「APT1」によるサイバー攻撃であったと結論づけている。

Mandiant社は、ニューヨーク・タイムズ紙に対するものを含む一連のアメリカへのサイバー攻撃に、「APT1」＝人民解放軍総参謀部第三部第二局傘下61398部隊が関与しているとの分析報告を2013年に発表した。同報告書によれば、「APT1」は少なくとも2006年以降7年間にわたり米国の企業150社以上に侵入し、中国の第12期5カ年計画の重点分野とされる産業をターゲットにして、情報、運輸、ハイテク、金融、法律事務所、エンジニアリング、メディア、食糧・農業、宇宙、衛星通信、化学、エネルギー、医療、などあらゆる産業に侵入している、ということが明らかになっている。

米司法省は2014年5月、米国のウェスティングハウス社（原子炉）、ソーラーワールド社（太陽光発電）などのネットワークに情報を窃取する目的で侵入し、情報を窃取したとして、「APT1」＝61398部隊の将校5名を訴追した。

攻撃グループ「APT1」以外にも、中国に関係する攻撃グループは数十にのぼると見られている。このうち「APT10」が行っている「情報窃取型」サイバー攻撃に関しては、2017年4月、英国の大手防衛産業BAEとPWCが、英国政府の協力を得て、報告書を公表している。「APT10」は、クラウドサービスなどを提供する会社を標的として攻撃し、その顧客である政府機関・企業の機微情報・知的財産の窃取を行っていた。「APT10」の標的は、公的機関、医薬健康、鉱業、エネルギー、金属、エンジニアリング、工業生産、技術産業、小売など幅広い産業が狙われ、標的とする地域は日本、インド、米国、英国、カナダ、オーストラリア、タイ、ブラジル、南アフリカ、韓国、スイス、フランス、ノルウェー、フィンランド、スウェーデンであった。

少なくともAPT10のメンバーのうちの2名が、中国の国家機関と関係があることが米国当局によって明らかにされている。米司法当局は2018年12月、Zhu Hua（朱华）とZhang Shilong（张士龙）がAPT10のメンバーであり、中国国家安全部のためにサイバー侵入を行っていたとして、訴追を行っている。

イランが関与したと見られるサイバー攻撃は、「機能破壊型」の特徴を持っている。

イラン製と見られる破壊力の高いマルウェア「Shamoon」シリーズが初めて使われたのは、2012年8月サウジアラビア国営石油会社のサウジアラムコに対してであった。原油生産には影響が生じなかったものの、この攻撃では、サウジアラムコ社内のコンピュータ

3万台が感染し、同社のビジネス継続に重大な影響を与えた。その後、カタール第2位の国営石油会社 RasGas でも同じマルウェアの感染が広がり、業務システムがダウンしたことが発表された。2016年11月には、さらに機能を強化した「Shamoon」2.0 がサウジアラビアの航空当局、中央銀行、交通省などの事務系のネットワークを攻撃した。

直近では、2018年末から新たな「Shamoon」3.0 が登場したことが、複数のセキュリティ企業から指摘されている。この「Shamoon」3.0 もエネルギー企業を攻撃対象にしており、中東と欧州の企業が犠牲になっている。

イランはまた、米国に対しても断続的にサイバー攻撃を行っていると言われている。米司法当局は2016年3月、イラン政府およびイラン革命防衛隊に協力してサイバー攻撃を行っていたイラン人7名を訴追した。イランの攻撃グループは、バンク・オブ・アメリカ、JPモルガン、キャピタルワンなどの米国金融機関やニューヨーク証券取引所をターゲットとして「機能妨害型」のDDoS攻撃を行ったほか、米ニューヨーク州のダムに対してもサイバー攻撃を行っていた。また、2018年3月、米当局はイラン人9名とイラン革命防衛隊の関連企業1社を、米国および世界各国の大学関係者からの知財窃取を行っていたとして、金融制裁対象に指定している。

北朝鮮によるサイバー攻撃は、多岐にわたる。韓国や米国に対しては「機能妨害型」/「機能破壊型」サイバー攻撃を行ってきた。近年では、経済制裁による外貨不足を補うため、「金銭目的型」のサイバー攻撃を行っているのが特徴である。

２００９年7月には韓国の政府機関、金融機関、報道機関に対して「機能妨害型」のＤＤｏＳ攻撃が発生し、２０１３年3月には、韓国の報道機関や金融機関で感染したコンピュータのデータを消去する「機能破壊型」サイバー攻撃が発生した。これら一連の攻撃について、韓国政府は北朝鮮の犯行として調査報告を発表している。同様の「機能妨害型」／「機能破壊型」サイバー攻撃は米国に対しても向けられている。２００９年7月には米連邦政府機関に対するＤＤｏＳ攻撃が発生し、２０１４年には、米国のソニー・ピクチャーズが攻撃された。

また、北朝鮮は、２０１６年以降バングラディシュなど他国の中央銀行・金融機関をねらった金銭目的の攻撃を盛んに行っており、２０１９年夏に明らかになった国連の報告書では、北朝鮮はサイバー攻撃によって20億ドル（約2、１６０億円）の金銭を窃取しており、このうちの一部はミサイルや核兵器などの大量破壊兵器の開発に使われていると分析されている。２０１７年5月に発生した爆発的な感染力を持つ新種のランサムウェア「WannaCry」も北朝鮮の犯行と見られている。「WannaCry」は感染力が非常に強く、発生から10日足らずで、世界中１５０カ国以上で30万台のコンピュータが感染した。英国では国民保健サービスのネットワークが感染し、患者のカルテなどが参照できなくなる事態となり、救急車の受け入れが停止し、手術が中止になるなど国民生活に大きな影響が生じた。

3　国家が関与する日本向けサイバー攻撃のリスク

日本では、２０１１年に衆議院や政府機関、防衛産業を狙い、情報の窃取を目的とした大規模な標的型攻撃（ＡＰＴ）が明らかになったが、同様の情報窃取を目的とした攻撃は、２００５年ごろから断続的に繰り返されてきたと見られており、２０１５年５月には日本年金機構が保有する個人情報を狙った標的型サイバー攻撃が発生している。

日本年金機構に対するサイバー攻撃では、「Emdivi」と呼ばれるマルウェアが使用された。年金機構へのサイバー事案を調査した日本政府のＮＩＳＣの報告書によれば、攻撃は４波にわたり、最終的に30台以上のコンピュータが感染し、１２５万件に及ぶ個人情報が部外に流出した。これら一連の「情報窃取型」サイバー攻撃には、中国の関与が強く疑われている。

中国由来の「情報窃取型」サイバー攻撃を繰り返しているサイバー攻撃グループは、２０１６年以降特に日本を対象に攻勢を強めていると分析されており、今後厳重に注視していく必要がある。先に述べた「ＡＰＴ10」に限らず、「ＡＰＴ４」、「ＡＰＴ12」、「ＡＰＴ17」など、少なくとも10以上の中国関連の攻撃グループが日本を攻撃していると指摘されている。主に防衛、航空・宇宙、ハイテクなど先端産業の知財や企業秘密が狙われている。米国によるサイバー攻撃監視が強化される中で、これらの攻撃グループの攻撃は２０２０年に一層激しくなると予想される。

また、日本でも2017年以降、仮想通貨取引所をターゲットとしたサイバー攻撃が相次いで発覚している。これらの攻撃の実行者は必ずしも明らかではないが、北朝鮮の「金銭目的型」サイバー攻撃には継続的に警戒する必要がある。さらに、欧米の民主主義国同様に、ロシアの「情報操作型」サイバー攻撃にも注意する必要がある。

4 2020東京オリパラをめぐるサイバーのリスク

2020年に開催される東京オリンピック・パラリンピックもまた、サイバー攻撃の対象となるリスクを抱えている。

2012年ロンドン五輪では、①電力システムへのサイバー攻撃が予告されたため、開会式直前に手動へシステムを切替、②大会の公式Webに2億件の悪意のある接続要求がなされたのをブロック、③大規模なDDoS攻撃に対応、などサイバー関連の対応に追われた。

2016年のリオデジャネイロ五輪では、大会のWeb配信をターゲットとした最大540GbpsのDDoS攻撃を受けて対応したほか、大会関係者の個人情報を狙ったサイバー攻撃や、観戦者からの金銭窃取を目的としたサイバー攻撃が発生した。

2018年の韓国平昌五輪では、大会運営のシステムがサイバー攻撃（大会準備期間中に約6億件のサイバー攻撃を検知、大会期間中にも約550万件のサイバー攻撃を検知）にさらされた。その結果、開会式直前にサイバー攻撃によりチケットの発券システムなど一部のサービスが使用不能となった。平昌五輪でのサイバー攻撃の特徴は、ドーピング問題から国としての参加を認められなかったロシアからのサイバー攻撃が発生したことであった。

２０２０年の東京オリパラでの最大のサイバー攻撃リスクもまた、隣国との関係となろう。日本政府は、内閣官房サイバーセキュリティセンター（ＮＩＳＣ）および大会組織委員会が中心となって、①重要サービス事業者を対象としたリスクマネジメントの促進、②サイバー脅威・事案情報の共有体制の整備による対処態勢の強化、を行っており、従来の大会で問題となったハクティビストによる大規模なＤＤｏＳ攻撃や金銭目的のサイバー犯罪に対しては一定の対応ができると考えられる。しかしながら、国家が関与する攻撃者からの大会システムへの侵入や重要インフラへのサイバー攻撃の対応には自ずと限界がある。高度なサイバー能力を持つロシアが国として五輪に参加できるのか、朝鮮半島の国々との関係はどうか、という国際政治上の問題が、２０２０年のオリパラの最大のサイバーリスク要因になるであろう。

第3部

外交政策センターの紹介

外交政策センター（ＦＰＣ）は、川上高司理事長（拓殖大学海外事情研究所所長・教授）の提唱のもと、星野俊也副理事長（国連日本政府代表部大使・大阪大学教授）、石澤靖治副理事長（学習院女子大学教授）、蟹瀬誠一理事（明治大学教授）らが集まり、２０１１年2月24日に設立した。混迷する世界秩序の中、アメリカの一極主義は崩れ落ちようとし、「地政学的リスク」が非常に高まりを見せている。海図なき現在の世界情勢にあって、新たな錨をどこに下すのか。世界情勢の転換を機敏に察知し、戦略的に行動するための指針を示していくことが、外交政策センターの使命であり、活動の目的である。外交政策センターでは、次の4つを活動の方針としている。

①日本と外国の外交政策に関する啓発活動：◎毎月の研究会の実施（欧米研究会、インテリジェンス研究会、地政学研究会、ポリミリ、古典研究会、危機管理研究会等—非公開）。◎講演会、シンポジウムの開催。◎勉強会への講師派遣

②日本と外国の外交政策に関する情報収集・分析：◎国際政治、安全保障関連情報のクリッピング。◎地域ごとのコンサルテーション

③国内外の団体との交流を通じたネットワーク構築：◎海外シンクタンクとの交流

④外交政策に関する情報提供：◎政策提言。◎ＦＰＣ Ｎｅｗｓの発行。◎書籍の刊行

1　役員紹介

（川上高司）

外交政策センター理事長・拓殖大学海外事情研究所所長・教授。大阪大学博士（国際公共政策）。ＩＦＰＡ研究員、（財）世界平和研究所研究員、防衛庁防衛研究所主任研究官、北陸大学法学部教授を経て現職。この間、ジョージタウン大学大学院留学、ＲＡＮＤ研究所客員研究員、参議院外交防衛委員会調査室客員調査員、神奈川県参与（基地担当）。現在は中央大学法学部兼任講師などを兼務。

（星野俊也）

外交政策センター副理事長・国連日本政府代表部大使・大阪大学教授。日本国際問題研究所アメリカ研究センター研究員、プリンストン大学ウッドローウイルソン・スクール客員研究員、米国平和研究所（USIP）客員研究員、スタンフォード大学スタンフォード日本センター研究部フェロー、国際連合日本政府代表部公使参事官、コロンビア大学国際公共問題大学院客員学者、国連大学コンサルタントなどを経て現職。

（石澤靖治）

外交政策センター副理事長・学習院女子大学教授・前学長。ハーバード大学ケネディ行政大学院修了（MPA）、博士（政治学・明治大学）。ハーバード大学国際問題研究所フェロー、ワシントンポスト極東総局記者、ニューズウィーク日本版副編集長を経て2000年より学習院女子大学助教授、2002年より教授。2011年より学長。他にこれまで東京フルブライト・アソーシエーション理事などを歴任。

（蟹瀬誠一）

外交政策センター理事・国際ジャーナリスト・明治大学教授。1974年上智大学卒。米AP、仏AFP記者、米『TIME』誌特派員を経て、91年TBS「報道特集」のキャスターとして日本のテレビ報道界に転身。その後、数々の報道番組キャスターを務める。現在は「賢者の選択リーダーズ」メインキャスター。現在は同学部専任教授。（社）価値創造フォーラム21顧問、環境NPOグローバル・スポーツ・アライアンス（GSA）理事、東京クラシッククラブ専務理事。

（内田士郎）

外交政策センター理事・SAPジャパン株式会社代表取締役会長。早稲田大学政治経済学部卒業。2009年5月プライスウォーターハウスクーパースコンサルタント株式会社代表取締役社長に就任。2010年1月よりプライスウォーターハウスクーパース株式会社代表取締役社長、２０１２年７月より同社取締役会長に就任。２０１５年１月よりＳＡＰジャパン株式会社代表取締役会長に就任。

２　外交政策センターの定期刊行物

FPC NEWS vol. 11

外交政策センター（ＦＰＣ）では、アメリカや世界各国の外交政策に関する最新の情報を収集・分析・提供し、ＦＰＣの活動や様々な研究成果をより幅広く届けるため、隔月でニュースレター（ＦＰＣ Ｎｅｗｓ）を発行している。ＦＰＣ Ｎｅｗｓでは、外交政策センターの活動や専門家のコラムなどを載せ、時節に適った分析の提供を行っている。また、外交政策センターでは、インテリジェンス研究会を定期的に開催し、世界情勢の分析も行っている。他の研究機関の分析とは一線を画した視点から、ディープな情勢分析と未来予測を随時『インテリジェンスレポート』の形で、毎月会員限定に配信している。

３　ポリミリゲーム（ポリティコ・ミリタリー・ゲーム）の開催

第１回ポリミリゲーム「朝鮮半島危機シナリオ・シミュレーション」　開催日：２０１８年１月20日（土）

ポリミリゲームでは、約50人の専門家を集め、米国が北朝鮮に対し先制攻撃をするかどうか、北朝鮮が日本を核兵器で攻撃した場合に周辺国はどのような対応を取るかを考えるためのシナリオを議論した。

第２回ポリミリゲーム「朝鮮半島危機シナリオ・ＮＥＯ事態対処会議」　開催日：２０１８年６月10日（日）

ＮＥＯ（非戦闘員退避活動）会議では、約20名の専門家が集結し、朝鮮半島で有事が起こった際に在韓邦人の救出やそれに伴って発生する難民にどのように対処するのか議論した。
政府機関（外務・防衛［自衛隊］・警察・消防他）、民間（企業・航空／輸送・保険・インフラ・サイバー等）、一般国民の3つの観点から安全確保に対する行動についてまとめた。

4　講演会開催

外交政策センターでは、外交政策に関する啓発活動の一環として、発足以来、定期的に講演会を開催した。講演会は、2018年2月から始まり、2019年11月までに通常講演会11回と特別講演会を2回開催した。以下に挙げる【講演内容】は当日の内容の一部を抜粋したものである。

第1回外交政策センター講演会「地政学から見た危うい世界」　日　時：2018年2月27日（火）
講演者：蟹瀬誠一理事（明治大学教授）
【講演内容】　米中露という世界の大国が現代版三国志を繰り広げて地政学的危機をエスカレートさせている。地政学的危機といっても、実態は思想も理想もない縄張り争いである。なにしろ大国のリーダーが、自分ファーストのトランプ米大統領、武力行使に躊躇がないロシアのプーチン大統領、そして露骨に権力掌握と覇権拡大を進める中国の習近平国家主席と、そろって民主主義とは縁遠い権力の亡者ばかりだからだ。
米国の最大のリスクはトランプ大統領その人だろう。とにかく何事も真剣に考えていないから危うい。幸いなことに、現在はケリー首席補佐官、マクマスター国家安全保障担当補佐官、マティス国防長官の3人の退役将校がトランプの暴走を食い止めている。気になるのは、そのうちケリーとマクマスターが大統領との意見対立から近く辞任する可能性があると報道されていることだ。

第2回外交政策センター講演会「トランプ政権の深層を読む！」　日　時：2018年4月10日（火）

講演者：中林美恵子（早稲田大学教授）

前嶋和弘（上智大学教授）

【講演内容】トランプ政権の支持率は、最近とくに選挙公約の有言実行に力を注いでいる。多くの関税引き上げ案件や貿易不均衡に対するための制裁措置が実行され、中国との貿易戦争も懸念されている。こうした有言実行や北朝鮮との会談実現への方向性のせいで、支持率は上昇傾向にある。

トランプ大統領の目下の最大関心事は中間選挙である。これは2020年の大統領選挙に向けて成果をアピールする必要があるためで、議会で大負けして国内政策の成果を得られないような事態、あるいはロシア疑惑で弾劾裁判用に議会が調査三昧になるような事態を避けるためにも、力を入れなければならない。特にロシア疑惑を抱えたトランプ大統領にとっては特別な理由があるのだ。そこでまずは、自分の岩盤支持層にアピールすることになる。今後も、さまざまな政策が有言実行の名の下に決断されるだろう。

第3回外交政策センター講演会「緊迫する北朝鮮情勢―戦争か平和か―？」　日　時：2018年6月9日（土）

講演者：秋田浩之（日本経済新聞社本社コメンテーター）

杉田弘毅（共同通信論説委員長）

【講演内容】6月12日のシンガポールでの米朝首脳会談には、様々な要因が動いていた。一つは、アメリカの国内問題である。トランプとしては、米朝首脳会談を何としても成功させ、国民からの支持を得たいところとなる。

二つは、北朝鮮問題が米中などの大国間のパワーゲームの一環として取り扱われているということだ。中国とロシアはアメリカの求める北朝鮮のCVID（完全かつ検証可能で不可逆的な非核化）に反して、北朝鮮の主張する段階的な非核化を支持している。

三つは、南北統一へと向かう動きである。現在は、核問題と南北統一の動きが同時並行している。アメリカが、この大きな二つの動きに今後どのように対処するか注視する必要がある。

第4回外交政策センター講演会『米朝首脳会談後の世界―大国間パワーゲームの始まりか―』

日　時：2018年8月21日（火）

講演者：武貞秀士（拓殖大学大学院特任教授）

【講演内容】　米朝非核化協議は難航しているが、「決裂を避ける」ということで米国と北朝鮮と一致している。トランプ大統領は7月17日、「（北朝鮮の非核化について）われわれは期限を設けていない。（北朝鮮との間で）協議は行われており、非常にうまくいっている」と述べた。米国の姿勢は後退しつつある。

韓国は非核化という困難な作業を米国に預けた。韓国にとり北朝鮮問題とは「非核化」の他に、「自主統一に向けての南北協議」「北朝鮮の資源開発を含めた韓国による投資事業の具体化」「離散家族再会」という課題がある。そのための閣僚級会談、南北合同事務所設置、南北首脳会談の定例化を決めた。

中国は北朝鮮の核兵器開発問題を対米・交渉力強化、北朝鮮への影響力強化に活用してきた。中国にとり北朝鮮問題は、経済、軍事、政治、社会の全ての分野で中国の利益に関係してくるので当然であろう。3回の中朝首脳会談で中朝関係が堅固であることを印象づけた。

第5回外交政策センター講演会『アメリカ中間選挙のゆくえとトランプ政権』

日　時：2018年10月9日（火）

講演者：久保文明（東京大学教授）

【講演内容】　2018年11月6日（現地時間）、米国で中間選挙が行われる。

米国は好景気であるにもかかわらず、トランプの支持率は約44パーセントとあまり高くない。これは彼自身の上品とも言えない発言やツイートに対する反感が背景にあると考えられる。トランプは、通商問題、特に貿易赤字に対して大きな執念があり、米国を貿易赤字にさせる国は悪であるという一貫した信念を持っていると考えられる。しかし、彼の行動にはグランドストラテジーのような緻密な戦略があるわけではなく、相手に吹っかけてみて反応を見る場当たり的な手法である。

また近年、米国の対中脅威論は高まり、中国に対する米国の姿勢は大きく変わりつつある。特に、宇宙防衛やサイバーなどの安全保障に対する警戒心が強まっている。トランプ政権の有無にかかわらず、今後、米国の中国に対する姿勢は厳しいものとなっていくだろう。

第6回外交政策センター講演会開催『米中貿易戦争のゆくえと日本の安全保障』

日　時：2018年12月3日（月）

講演者：香田洋二（第36代自衛艦隊司令官、海将）

【講演内容】　習近平国家主席は、「中華民族の偉大な復興」というスローガンを掲げ、中国の主権と領土を守るべく、軍事力を拡張している。中国は南シナ海の縦深を強く意識している。アヘン戦争の際、中国本土を攻撃したイギリス軍は南シナ海から北上したからだ。「海」を意識する理由はほかにもある。中国は人類史上初の大陸国家でありながら、海上交通に依存する国となった。中国の約14億人もの人口を、中国国内だけで支えていくことはできず、国外からの食糧輸入を必要としており、海上交通こそが中国の生命線となっている。

伝統的に、アメリカは中国に対して、表立って強硬姿勢をとってこなかったが、2014年頃からアメリカの対中意識は変化し、これが2018年10月のペンス副大統領の中国批判演説につながった。アメリカは中国が異質な国であることに気づき始めたのだ。軍事力を拡張させ、新植民地主義的な一帯一路政策を推し進める中国に対し、軍事・経済・外交あらゆる手段を用いて対抗する方向に、アメリカは舵を切ったのである。

第7回外交政策センター講演会『外交政策センター討論会―米中新冷戦に突入か』

日　時：2019年2月6日（水）

講演者：近藤大介（明治大学講師・ジャーナリスト）

【講演内容】　2018年3月、習近平政権が「奉陪到底（最後まで付き合ってやろうではないか）」を合言葉にトランプ政権と正面対決を選択して以降、米中は「新冷戦」状態に入った。今年のトランプ大統領の一般教書演説では、思ったよりも中国に関する演説は少なかったが、大統領が中国を批判するパートでは対中強硬派のペンス副大統領が率先して拍手するなど、米国側も中国への対決姿勢を崩してはいない。

ただ米中対立を経済、政治、軍事の3つのレベルで捉えれば、米国からの中国共産党による独裁批判（政治レベル）や米中の深刻な軍事対立（軍事レベル）に至るぐらいなら、貿易戦争（経済レベル）では米国に譲歩してもよいとする中国の思惑が考えられる。また中国が力を入れているAI技術を米国に先駆けて発達させれば、監視社会が確立し、人民の管理が一層強化され、米国との技術覇権競争への勝利も近づくことになる。習近平は毛沢東の持久戦論に基づいて米中「新冷戦」を戦っている。

第8回外交政策センター講演会『緊急討論会：韓国と朝鮮半島の将来―米国は韓国を見捨てるのか？』

日　時：2019年4月24日（水）

討論者：中川義章（元陸上自衛隊研究本部長・陸将）

伊藤弘太郎（キヤノングローバル戦略研究所研究員・元内閣官房国家安全保障局参事官補佐）

武貞秀士（拓殖大学大学院客員教授）

【講演内容】　韓国が自主国防能力を構築するためには、アメリカ製の最新兵器を多く購入する必要がある。2017年秋以来、中国から「3つのNO」（THAAD追加配備をしない、アメリカの弾道ミサイル防衛網に参加しない、日米韓軍事同盟を結ばない）を突き付けられながらも、今年の国防白書では、アメリカとのミサイル防衛協力の記述に大きな変化は見られなかった。韓国との防衛協力に経済的メリットを見出すトランプ政権のアメリカが韓国を見捨てるシナリオは考えにくい。（伊藤研究員談）

韓国軍の日本に対する意識は変化しつつある。経済力をつけた韓国は、日本をフォークランド戦争時の老大国イギリスのように捉え始めた。このような韓国の「克日」意識の高まりが、火器管制レーダー照射事件につながり、日韓関係は、同盟関係にない即ち共通の脅威認識がない「普通の関係」になりつつある。（中川将軍談）

なぜ、北朝鮮は核保有にこだわるのか。一つは、核を持つ北朝鮮はアメリカと対等に外交交渉が行える。二つは、金正恩が核保有を実現すれば、金王朝の権威を継承したという意味合いがある。三つは、通常戦力を近代化するコストよりも、抑止力としてのコストパフォーマンスが高い。経済困難下で軍事力強化をする唯一の選択だ。四つは、北が再び半島統一を目指したときに、米軍の軍事介入を阻止できるという戦略的動機がある。（武貞教授談）

第1回外交政策センター特別講演会『安倍晋三の真実』輪読会　日　時：2019年6月14日（金）

講演者：谷口智彦（内閣官房参与・慶應義塾大学大学院教授）

【講演内容】戦後日本はアメリカと同盟を結ぶことで安全保障を担保しつつ、「安定的な石油調達」という経済上の国益確保を目指した。イランとの関係維持は日本にとって大きな課題だ。今回のイラン訪問は、安倍外交が積み上げた「外交資産（アセット）」をもって初めてなし得たものと評価できる。ハメネイ師は、G7のどの指導者とも会ったことがなかった。安倍首相が初めてだ。最高神官の託宣として同指導者からイラン版「非核三原則」というべき「核兵器を作らない・持たない・使わない」という明言を引き出せたことの意義は小さくない。長期安定政権としてぶれない外交を積み上げ初めて取り組める外交課題に正対し、一歩でも前進しようとしている人を誰が笑えよう。アメリカからも、イランを訪れる安倍首相を、「利益本位」の、「利己主義」のと難じる声は聞かれなかった。トランプ大統領との信頼が強固なことを裏書きした。

第9回外交政策センター講演会―インテリジェンス分析―　日　時：2019年7月30日（火）

コメンテーター：中林美恵子（外交政策センター評議員・早稲田大学教授・元衆議院議員）
　　　　　　　　石澤靖治（外交政策センター副理事長・学習院女子大学教授・前学長）
　　　　　　　　宇佐美正行（金沢工業大学国際学研究所・前参議院外交防衛調査室長）
モデレーター：川上高司（外交政策センター理事長・拓殖大学海外事情研究所所長）
報　告　者：野村明史（外交政策センター主任研究員・拓殖大学海外事情研究所助手）
　　　　　　志田淳二郎（東京福祉大学特任講師）

【講演内容】川上理事長が、タンカー襲撃が相次ぐホルムズ海峡をめぐり、トランプ大統領が「自国の船舶は自分で守れ」と日本や中国を名指しし、ダンフォード統合参謀本部議長が有志連合構想を提案、複数国との調整に入り、ポンポオ国務長官が有志連合への参加を日本に求めたバックグラウンドを解説した。

中林美恵子評議員によれば、イランに強硬姿勢をとるトランプ大統領は戦争を望んでいるわけではなく、ディール外交の一手法なのだが、ボルトン補佐官をはじめとする超強硬派「チームB」のイニシアティブに引きずられていく懸念は残る。

野村明史主任研究員は、経済が深刻な状況にあるイランは、国民を納得させるためにも早急な打開策が求められると指摘した。カタールは有志連合に慎重で、サウジとイエメンでの戦闘に参加しているUAEも徐々に派遣規模を縮小させ、イランをこれ以上刺激することには消極的である。

「海上保護派遣団」構想を発表した英国をはじめヨーロッパにはトランプ構想には賛同したくない心理的距離感があり、紛争のディエスカレーションを既定路線としているが、EUに仲介の役割を過度に期待することは難しいと志田淳二郎特任講師は指摘した。

宇佐美正行客員教授は、海上自衛隊を派遣する場合の法的根拠を列挙した。まず、自衛隊法上の海上警備行動としての派遣だが、武器使用が限定的となる。海賊対処法での派遣も考えられる。ソマリア沖・アデン湾では海賊に対処する第151合同任務部隊（CTF151）に海自も現在参加しているから、CTF151の範囲をペルシア湾まで拡大させることも一考だ。ただ、海賊の取り締まりは公海上でないとできず、「国際海峡」であるホルムズ海峡の管轄権をめぐってオマーンやイランが異なる主張をしており、海賊対処も一筋縄ではいかない。新法を作るにしても「何を対象に、何のために派遣するか」が明確でないから国会の審議に耐えられるものにはならないだろう。

去年の内閣府世論調査だと自衛隊の海外活動を80％以上の国民が評価している一方、イラン情勢をめぐり日本には決断が「迫られている」という国内の報道ぶりを指摘し、「主体的に」どう取り組んでいくかの姿勢を持つことが重要だと石澤副理事は強調した。ホルムズ海峡の有志連合は、川上理事長が言うように、「平時・グレーゾーン」から「有事」のフェーズにまたがるもので、似たような構図を持つ南シナ海問題と無関係ではなく、安全保障政策の主体性を考えなければ、日本は生き残れない。

第10回外交政策センター講演会『今、日本外交に何が必要か！』 日　時：2019年10月4日（金）

講演者：松川るい（参議院議員）

【講演内容】 東アジアでは情勢変化が起きている。2008年ごろから、中国公船が頻繁に尖閣諸島に来るようになった。文政権は南北統一されれば、国内の様々な問題が解決すると信じている。

日本が東アジアの中で生き残るために最も重要なことは、米国との関係である。北朝鮮によるSLBM発射は、北朝鮮の脅威の質を大きく変更した。ここのところ軍事的オプションがないことを見透かされたこともあり、米国のレバレッジは北朝鮮に対してもイランに対しても低下している。米国は北朝鮮に非核化を諦めたとも見られているのかもしれない。今後の日本は、朝鮮半島と同様に、北極海航路からの脅威も考慮した上で、日本海を北に向けたシーレーンと捉える安全保障体制を考えていく必要もあるだろう。そして、アジア近隣とのますます創造的な外交が必要となる。

第2回外交政策センター特別講演会『兼原元国家安全保障局（NSC）次長、安倍外交を語る！』

日　時：2019年11月20日（水）

講演者：兼原信克　元国家安全保障局（NSC）次長

【講演内容】 21世紀の日本の安全保障における一番の懸念は中国である。中国の問題は一言でいうとそのサイズだ。今、日本の防衛費は約5兆円で、先進国では英仏と並ぶ普通の防衛費である。ロシアでも7、8兆円ぐらいである。いまの中国は20数兆円にまでなり、毎年2桁の伸び率を見せている。このままいけば、早晩、米国の軍事費に迫る勢いである。

　中国との関係では、米中経済と台湾問題が大きな課題となっている。80年代、アメリカの赤字の6割は日本だった。今や赤字の5割が中国となった。日本は、プラザ合意によって、日米の経済摩擦に折り合いをつけ、輸出国家から投資国家へと変貌し、アメリカでは年間84万人の雇用を創出している。現在の良好な日米関係は安倍・トランプの個人的関係だけでなく、このような日本の直接投資による影響も大きい。しかし、中国では、毎年2000万の子供が生まれ、雇用創出に追われており、国外投資の余裕はない。中国は、先進国の製品をまねして安く売るというやり方で伸びてきたが、米国の要求する公正な貿易への要求を実現する方法を持っていない。しばらくは米中の貿易摩擦が続くだろう。

第11回外交政策センター講演会『激変する国際秩序と日本の安全保障』 日　時：2019年11月29日（金）

講演者：長島昭久（衆議院議員・自民党）

【講演要旨】 現在、国際秩序は激変している。米中は貿易、5G、香港、人権・民主主義をめぐる問題で熾烈にせめぎ合う「新冷戦」に突入したと言える。そんなアメリカも、中国の台頭により、国力を「相対的」に衰退させつつある。地域へのアメリカの軍事的コミットメントが弱まり、「力の空白」が生まれると、中国が出てくる。南シナ海問題はその象徴だ。中国のA2AD能力により、アメリカが台湾防衛を諦め、台湾が「フィンランド化」するシナリオが一番恐ろしい。

北朝鮮の弾道ミサイル開発問題も深刻な問題だ。変則的な軌道を描き、すぐに迎撃のための計算をすることができない。ロフテッド軌道の弾道ミサイルを、SM3で迎撃することはできない。「抑止力の崩壊」とも呼べるこうした状況から、日本の安全保障にとって、韓国は緩衝地帯として重要になってくるが、GSOMIA破棄で悪化する日韓関係により、韓国が中国・ロシア側に走るシナリオも否定できない。そうなれば、「38度線」が対馬海峡となる。アメリカが在韓米軍を撤退したとすれば、日本はどう対応すればよいのか。そのためには、やはり、日米同盟の適正化が重要だ。両国の力を最大限持ち寄り、激変する国際秩序に対応していかなくてはならない。

5 「日本の国のあり方を考える」文化カフェ開催

日本は、少子化による人口減と外国人労働者の受け入れ、近隣諸国で高まる安全保障リスクの高まりを受け、日本とはどういう国だったのか、先人達がどのような思いで国造りをしてきたのか、この国の興りは―、日本文化とは何かなど、もう一度「日本の国のあり方を考える」文化カフェを開催した。文化カフェでは、ゲストを呼んで語り合い、参加者同士で日本という国のあり方について気軽にそして真剣に論議を深めた。文化カフェは2018年11月から始め、2019年11月までに4回開催した。

第1回　日本の国の在り方を考える文化カフェ　日　程：2018年11月28日（水）

ゲスト：古川周賢 老大師（臨済宗恵林寺住職）

【講演内容】古川住職は、禅の教えを通じて自分自身と向き合い、自分の生きる道を冷静に見つめる重要性を説いた。本来、仏教は徹底した個人主義に基づいている。開祖であるブッタは、一人瞑想に耽り、悟りを開いた。我々日本人も自分自身と真剣に向き合い、自分の生きる道を見出すことが必要となるだろう。老師は、時に冗談を交えながら参加者に楽しく禅の教えを説明した。

第2回文化カフェ『古神道の由来』 日　時：2019年1月15日（火）
ゲスト：暁玲華（古神道研究家）
【講演内容】 暁先生は、これが神道の起源であると考え、古事記や日本書紀以外の古典も参考にして、独自の理論について説明した。明治政府はアマテラスを最高神とし、その子孫が天皇家であるという体系を形成して、政治的側面から神道を一神教に変えた。しかし、一神教となったために、神道は他者を排除する論理を持ってしまい、様々な矛盾を日本社会に生んでしまったと考えられる。今後、神道を本来の多神教の姿に戻し、平和的な宗教として日本社会に根ざしていくことが必要である。

第3回文化カフェ『イスラエル情勢報告』 日　時：2019年3月25日（月）
登壇者：川上高司理事長（拓殖大学海外事情研究所所長）
　　　　蟹瀬誠一理事（明治大学教授）
【講演内容】 川上理事長は、ユダヤの持つネットワークがトランプ政権下のアメリカに与える影響力について指摘し、ユダヤ・パワーの源と考えられる「カバラ」について紹介した。続いて、蟹瀬理事は、イスラエルのベンチャー企業が積極的に行っているスタートアップ企業と投資家をマッチングさせる取り組みについて説明した。こうしたイスラエルの技術力の高さの源は、「早くチャレンジして、早く失敗して、新しいことに取り組む」ユダヤ人のスピリットにあると指摘し、来場者の関心を多いに高めた。

第4回文化カフェ『世界史の逆襲―ウェストファリア・華夷秩序・イスラム国』
日　時：2019年5月17日（金）
ゲスト：松本太（シリア臨時代理大使）
【講演内容】 本格的な国際秩序の変革が始まり、東シナ海や中東などで国際法が平気で蔑ろにされていることが多発している。とりわけ、シリアにおいてイスラム国（IS）が台頭し、近代主権国家体制により引かれた国境線に挑戦する動きは、まさに「世界史の逆襲」の状況なのである。シリアをめぐっては、ロシア、イラン、トルコが熾烈な地政学ゲームを繰り広げ、これが中東のリアルである。このような「世界史が逆襲」してくる変革の中で、日本は今後どのように国家として生き残っていくべきか、参加者とともに議論を深めた。

6　海外シンクタンク等との交流

ヤングリーダーズと英国国立防衛大学訪日団の討論会　日　時：2018年5月15日
外交政策センターのヤングリーダーズは、イギリス大使館で、英国国立防衛大学の訪日団やイギリス大使館スタッフと東アジアの防衛について論議した。訪日団には、イギリスのみでなくフランス、イタリア、オーストラリア、サウジアラビア、クウェートなど国立防衛大学で学ぶ各国のエリートが加わっていた。

あとがき並びに謝辞

改めて言うまでもないことだが、先のことは誰にもわからない。だからこそ予測をするわけだが、予測の大前提が突然変わることもある。国家の人口などは1年で大きく変わることはないが、例えば近年の国際政治において存在感と役割が非常に大きくなっている国家の指導者の場合はどうだろうか。極めて不遜な物言いではあるが、その中の誰かに万が一のことが起きれば、予測のシナリオはまったく違うものになる。

そこまでではないにしても、イギリスの国民投票のようなケースもある。国民投票によってイギリスの欧州連合（ＥＵ）離脱が可決されたことで、その後イギリスのみならず、欧州全体が大きく揺れている。このテーマについては本書でも収録しているが、当時首相だったキャメロンは、イギリスのＥＵ残留を固めるために国民投票を決めた。そして投票の数カ月前までは彼自身もそれ以外のほとんどの人々も離脱可決を予測していなかった。したがって２０１６年当初に欧州の行方を占った人たちは、イギリスのＥＵ離脱を予測の前提には入れていなかったはずである。しかしこの投票結果が判明してからは、欧州のみならず世界は大きく「予想外」の方向に変動した。

権力者の生死を予測するのは神のみぞ知ることであるが、重要なことは、そうした突発的な出来事の発生を排除するわけではないものの、基本的には現状の枠組みを規定した上で、その枠組みが変わるのか変わらないのか、変わるとしたらどのような要因でどのように変化するのかという中長期的な見通しに立って大きな流れを提示する。そしてそれが短期的にどのように動いていくのか、そしてその動きが継続していく可能性はどの程度のものなのかなどということを探ることであろう。本書での試みはそのようなことである。

NPO法人外交政策センター（FPC）が本格的に活動を開始して以来、紆余曲折を経ながら、本書に収められているように各界の識者による国際情勢についての講演会を重ねてきた。また出版については、米トランプ政権発足直後の2017年5月に『トランプ後の世界秩序』（東洋経済新報社）を上梓した。

そして今回の本書の出版である。2020年の世界を見通してみたものであり、FPCメンバーに加えて、いつもご協力をいただいている著名な執筆陣による分析には内容的に十分な自信を持っている。これを出版という形にすることは2019年の後半になって急遽決まったが、短い時間の中で流動的なテーマを見事にまとめていただいた各執筆者の方々に深く感謝する次第である。また野村明史、志田淳二郎の両氏は執筆以外に、本書の発行にあたってなくてはならない活躍をしてくれたこともここに記しておきたい。

なお、この企画は今年に限ったものではなく、毎年の定期的な刊行を予定しており、次回はさらに充実したものをお届けするつもりである。

本センターは、今年も各種講演会、研究会、ホームページによる情報発信、出版物の発行など、さまざまな活動を展開することで、世界を分析する情報を提供し日本の方向性と政策を探っていく所存である。今後も変わることなくご支援いただければ幸いである。

2020年に向けて
外交政策センター副理事長　石澤靖治

年に日賑グローバル（株）設立。著書に，『知立国家イスラエル』（単著・文春新書，2017 年）等。

武貞秀士：拓殖大学大学院客員教授。防衛省防衛研究所に 36 年間勤務。スタンフォード大学，ジョージワシントン大学客員研究員，韓国延世大学国際学部アジア専攻専任教授等を経て現職。著書に『東アジア動乱』（単著・角川学芸出版，2015 年）等。

松川るい：自由民主党参議院議員。東京大学法学部卒業。1993 年外務省入省。97 年ジョージタウン大学国際関係論大学院修士号取得。軍縮代表部一等書記（ジュネーブ），日中韓協力事務局次長（ソウル），総合外交政策局女性参画推進室長を経て，2016 年 7 月より現職。

※**石澤靖治**：学習院女子大学教授。同大学前学長。FPC 副理事長。博士（政治学）（明治大学）。ワシントンポスト極東総局記者，ニューズウィーク日本版副編集長等を経て現職。著書に『アメリカ 情報・文化支配の終焉』（単著・PHP 研究所，2019 年）等。

志田淳二郎：東京福祉大学留学生教育センター特任講師。博士（政治学）（中央大学）。中央大学法学部助教，笹川平和財団米国（ワシントン DC）客員準研究員等を経て 2019 年から現職。著書に『国際法遵守の管理モデル』（共訳・中央大学出版部，2018 年）等。

和田大樹：オオコシセキュリティコンサルタンツアドバイザー，清和大学非常勤講師。専門は国際安全保障，国際テロリズム論等。日本安全保障・危機管理学会奨励賞を受賞。著書に『「技術」が変える戦争と平和』（共著・芙蓉書房，2018 年）等。

山中祥三：インテリジェンス研究家，FPC 研究員。長い間，日本の情報関係組織に所属。主要国の情報機関ともつながりがあり，現在フリーランスのインテリジェンス研究家として活動中。

津屋尚：NHK 解説委員（国際・安全保障担当）。1991 年 NHK 入局。国際部記者・国際部デスク等を経て 2012 年から現職。RUSI（英国王立防衛安全保障研究所）客員研究員（2000 ～ 2001 年）。イラク戦争では米空母等に長期の従軍取材。

高橋秀行：海上自衛隊幹部学校防衛戦略教育研究部戦略研究室員。2 等海佐。防衛大学校（機械工学）卒業。拓殖大学大学院国際協力学研究科博士前期課程在学中。自衛隊岡山地方協力本部募集課長，統合幕僚監部防衛戦略部計画課員等を経て現職。

吉田正紀：元海上自衛隊佐世保総監。防衛大学校卒業，米国留学（イージスプログラマー課程），2005 年米国防衛駐在武官，2010 年幹部学校長（海将），2012 年佐世保地方総監，2014 年 3 月退官。慶応義塾大学特別招聘教授を経て，現在，双日米国 VP 国際安全保障担当。

大澤淳：中曽根平和研究所主任研究員，鹿島平和研究所理事，笹川平和財団プログラム・コーディネーター。世界平和研究所研究員，ブルッキングス研究所客員研究員，内閣官房国家安全保障局参事官補佐等を経て現職。慶大法学部卒，同大学院修了。

《著者紹介》（執筆順　※は編著者）

※**川上高司**：拓殖大学海外事情研究所所長・教授。FPC理事長。博士（国際公共政策）（大阪大学）。世界平和研究所研究員，RAND研究所客員研究員，防衛庁防衛研究所主任研究官，北陸大学法学部教授等を経て現職。著書に『無極化時代の日米同盟』（単著・ミネルヴァ書房，2015年）等。

杉田弘毅：共同通信社特別編集委員・理事待遇。テヘラン支局長，ワシントン支局長，論説委員長等を経て現職。ブッシュ大統領，プーチン大統領等世界の首脳をインタビュー。著書に『「ポスト・グローバル時代」の地政学』（単著・新潮選書，2017年）等。

近藤大介：講談社特別編集委員，『現代ビジネス』東アジア問題コラムニスト，明治大学兼任講師（東アジア国際関係論）。埼玉県出身，東京大学卒，国際情報学修士。著書に『ファーウェイと米中5G戦争』（単著・講談社＋α新書，2019年）等。

富坂聰：拓殖大学海外事情研究所教授。1980年台湾に渡る。1984年北京語言学院を経て，1986年から北京大学中文系。帰国後『週刊ポスト』，『週刊文春』記者等を経て現職。著書に『「米中対立」のはざまで沈む日本の国難』（単著・角川新書，2015年）等。

野村明史：拓殖大学海外事情研究所助手。王立サウード国王大学（サウジアラビア）教育学部イスラーム学科卒業後，拓殖大学大学院国際協力学研究科博士前期課程修了。著書に『トランプ後の世界秩序』（共著・東洋経済新報社，2017年）等。

小泉悠：東京大学先端科学技術研究センター特任助教。早稲田大学大学院修士課程修了後，ロシア科学アカデミー世界経済国際関係研究所客員研究員，未来工学研究所特別研究員等を経て2019年から現職。著書に，『「帝国」ロシアの地政学』（単著・東京堂出版，2019年）等。

細田尚志：チェコ共和国カレル大学社会学部講師（安全保障論）。博士（国際関係学）（日本大学）。日本国際問題研究所助手（欧州担当），在チェコ日本国大使館専門調査員を経て現職。著書に『「新しい戦争」とは何か』（共著・ミネルヴァ書房，2016年）等。

蟹瀬誠一：明治大学国際日本学部教授。FPC理事。米国AP通信記者，TIME誌特派員等を経て，1991年TBS「報道特集」キャスターとしてテレビ報道界に転身。現在は経済番組「賢者の選択」キャスター。海外を中心に幅広い取材活動を続けている。

小林周：日本エネルギー経済研究所研究員。博士（政策・メディア）（慶應義塾大学）。JICA案件形成ミッション（リビア経済産業開発），ケニア・ナイロビ大学研究員，米国・戦略国際問題研究所等を経て現職。著書に『アフリカ安全保障論入門』（共著・晃洋書房，2019年）等。

米山伸郎：日賑グローバル株式会社代表取締役。東京工業大学卒。1981年三井物産入社。一貫して防衛・航空分野を歩み，2008年より米国三井物産ワシントンDC事務所長。2013

（検印省略）

2020年1月20日　初版発行　　略称—2020年

2020年 生き残りの戦略

—世界はこう動く！—

編　者　外交政策センター
編著者　川上高司・石澤靖治
発行者　塚田尚寛

発行所　東京都文京区
春日2-13-1　株式会社 創成社
電　話 03（3868）3867　ＦＡＸ 03（5802）6802
出版部 03（3868）3857　振　替 00150-9-191261
http://www.books-sosei.com

定価はカバーに表示してあります。

ISBN978-4-7944-4082-2　C3031
Printed in Japan

組版：ワードトップ　印刷：エーヴィスシステムズ
製本：エーヴィスシステムズ
落丁・乱丁本はお取り替えいたします。